中国脱贫攻坚
贵州省五村案例

全国扶贫宣传教育中心　组织编写

中国文联出版社

图书在版编目（CIP）数据

中国脱贫攻坚·贵州省五村案例 / 全国扶贫宣传教育中心组编. —— 北京：中国文联出版社，2021.12
ISBN 978-7-5190-4796-2

Ⅰ. ①中… Ⅱ. ①全… Ⅲ. ①扶贫-工作经验-案例-贵州 Ⅳ. ① F126

中国版本图书馆 CIP 数据核字（2021）第 278495 号

编　　者	全国扶贫宣传教育中心组
责任编辑	祝琳华
特约审读	李荣华
责任校对	张　苗
装帧设计	乐　阅
出版发行	中国文联出版社有限公司
社　　址	北京市朝阳区农展馆南里 10 号　邮编 100125
电　　话	010-85923025（发行部）　010-85923091（总编室）
经　　销	全国新华书店等
印　　刷	廊坊佰利得印刷有限公司
开　　本	710 毫米 × 1000 毫米　1/16
印　　张	6.75
字　　数	73 千字
版　　次	2021 年 12 月第 1 版第 1 次印刷
定　　价	58.00 元

版权所有·侵权必究
如有印装质量问题，请与本社发行部联系调换

前　言

党的十八大以来，以习近平同志为核心的党中央把脱贫攻坚工作纳入"五位一体"总体布局和"四个全面"战略布局，把消除绝对贫困作为全面建成小康社会的底线目标和标志性成果，确定精准扶贫、精准脱贫基本方略，出台一系列超常规政策举措，全面打响脱贫攻坚战。自2013年起，我国农村贫困人口持续大规模减少，贫困地区面貌发生深刻变化，基层治理体系治理能力现代化探索不断深入，脱贫攻坚战取得节节胜利。在这个过程中，各地将全国性政策措施同本地实际相结合，创造和积累了大量宝贵经验，走出一条中国特色减贫道路。深入总结脱贫攻坚经验，深刻把握中国特色减贫道路，进而提炼中国特色反贫困理论，可以为我国全面建设社会主义现代化国家提供参考，为全球携手消除贫困、构建人类命运共同体提供借鉴。

党的十八届三中全会和十九届四中全会把国家治理体系摆在前所未有的战略高度，作为国家治理体系在农村地区的基层环节，行政村在国家治理体系中发挥着尤为重要的作用。一方面，行政村属于我国政权建设的微观单元，村级治理所对应的基层政权是国家权力再分配的空间投影，其好坏关系到农村居民的切身利益，影响到中央至地方各级政府职权在农村的行使，进而决定我国各项政策措施能否在农村得到有效落实。另一方面，行政村是国家各项政策措施最终落地生根的末端，行政村具备"基层群众性自治单位"的独特属性，其对自上而下的各项政策具有较强的灵活性，使得行政村成为机制创新的源泉活水。为此，要加快国家治理体系和国家治理能力现代化的步伐，行政村及乡村治理便成为不可忽视的一环。在脱贫攻坚多个维度和层次的总结中，村级层面的脱贫攻坚能够更加直观地体现全国脱贫攻坚措施与成就，对村级层面的脱贫攻坚进行全面、深入的调研并分析总结相关经验做法，能够起到见微知著的效果，有助于推进国家治理体系和治理能力现代化。

鉴于村级脱贫攻坚经验总结的重大意义，也为了客观、翔实地呈现波澜壮阔的村级脱贫攻坚历程和卓有成效的基层实践机制创新，本书聚焦于贵州省多个独特的村域和鲜活的个案，围绕脱贫出列村脱贫攻坚基期村庄基本概况、脱贫攻坚资金投入、系列政策措施、巨大成效、典型经验做法与启示等内容，遵循事实描述—经验总结—理论提升—政策启示的逻辑思路，以案头研究和实地研究相结合、定性分析和定量分析相结合的研究方法，对贵州省安顺市平坝区塘约村、安顺市西秀区大坝村、大方县箐口村、思南县青杠坝村、沿河县高峰村5个行政村进行了研究。基于县村座谈会、农户访谈、问卷调查和文献整理等途径获取的资料，本书力图真实展现脱贫攻坚基层实践创新及其带来的村庄基础设施、公共服务、收入水平、经济文化、社会生活、村级治理等方面的历史性巨变，深入总结探讨这些变化背后隐藏的深层逻辑，并结合相关理论进行诠释和解读，形成可资参考借鉴的村级发展经验，希望能够充分发挥脱贫攻坚村级典型案例在全面推进乡村振兴的新征程中能够发挥参考借鉴作用。

具体而言，本书由贵州省安顺市平坝区塘约村、安顺市西秀区大坝村、大方县箐口村、思南县青杠坝村、沿河县高峰村5个行政村的村级报告组成，各个村级报告的内容梗概如下：

贵州省安顺市平坝区塘约村以党建引领为基础、村社一体为核心，走出了一条产业兴旺、乡风文明、治理有效的道路。在基层党建上，实行党组织网格化管理，严格党组织生活，实施党员量化积分管理，强化了基层党组织的战斗堡垒作用。在产业发展上，实行村社一体、合股联营的发展模式，由合作社布局特色农业，打造完整的农业产业链，打牢村集体经济的基础。在乡村治理上，通过党组织网格化管理、院坝会、红白理事会、村规民约"红九条"和"黑名单"等方式，为全村的发展建设立规建制。塘约村将党建引领作用和村民自治力量充分贯彻于村庄建设、产业发展、乡风文明、基层治理等多个关键环节，实现了从贫穷落后的旧貌到欣欣向荣的新颜的巨大转变。

贵州省安顺市西秀区大坝村坚持长远规划定向，科学管理铺路，最终走出以金刺梨产业为核心、一二三产业融合发展的产业化路径。大坝村根据所处自然地理气候特点，在多次种植实验基础上，逐渐形成金刺梨产业的规模化生产和批量销售。在此基础上，村两委以刺梨产业为契机，规划"村庄别墅区、产业发展区、集中办公区、群众休闲区"四大功能区，同步发展村级观光、休闲农业，规划种植刺梨林、花卉园，发展别墅区、民俗旅游等相关产业，以科学管理打造出现代化的村庄发展之路。纵观大坝村的发展，长远的目标规划和科学的过程管理是实现脱贫致富的重要法宝。

贵州省大方县箐口村坚持以村庄组织化为发展路径，结合乡村的有效治理，走上了脱贫奔小康之路。一是将党组织建在村民小组和产业链上，融合党务和村务，提升村级党组织管理效率。二是以"村民自强联合体"破解地理空间分散造成的管理难题，凝聚村民自治力量。三是通过村集体公司和各类农民专业合作社，整合村内土地、生产工具、劳动力等生产要素，盘活村内资源。四是成立留守儿童关爱协会、青年创业协会、老年人协会等各类协会组织满足各类人群需求。五是成立红白喜事理事会遏制滥办酒席等恶习，以道德积分超市引导村民言行举止。箐口村以组织化的力量，在产业发展、公共服务、乡村治理、乡风文明等方面极大地激发了村民积极性和凝聚力，实现脱贫致富和有序治理齐头并进。

贵州省思南县青杠坝村以乡风文明为主线，为村庄现代化发展之路筑牢根基。青杠坝村精准分析致贫原因，通过土地流转、入股分红、产业管护等带动建档立卡贫困户增收。在此基础上，青杠坝村以业富民，夯实乡风文明之基，通过调整产业结构和促进产业升级将村民汇聚于产业发展之上；以文化民，通过服务感化村民、宣传教化村民，凝聚乡风文明之魂；以制治民，不断建立和完善相关激励和约束机制，为落实乡村文明提供制度保障。青杠坝村发展迅速主要得益于"整村推进"的发展模式，坚持经济发展与乡风治理共同推进，始终将乡风治理摆在十分重要的位置，以乡村文明打牢现代化发展的基础。

贵州省沿河土家族自治县高峰村抓住东西部扶贫协作带来的机遇，在与江苏省张家港经济技术开发区罗家港善港村结对帮扶过程中，率先探索实践"整村推进结对帮扶"新模式。一是以高科技农业产业为核心，兼顾善港村的优势产业和高峰村特色产业，规划"两园三业一中心"产业布局，培育专业技术人员和管理人员。二是铜仁市生态移民局党支部、善港村党委、驻村工作队临时党支部与高峰村党支部实行四部联建，加强党组织建设。三是不断完善制度保障，加强机制建设，形成以"三项机制、三个覆盖、三大保障"为重点的东西部结对帮扶新机制。四是将善港村"善有善为、善始善终、善作善成、善登高峰"文化理念与高峰村土家民风民俗相结合，开展形式多样的文化建设活动，提振群众精气神。东西部扶贫协作为高峰村带来全新的技术、思维和观念的同时，还照亮了深度贫困村蜕变发展之路。

罗　聪

目 录

第一章 塘约村：党建引领、村社一体与乡风治理 / 1
    一、脱贫攻坚基期村庄概况 / 2
    二、资金投入与脱贫措施 / 4
    三、脱贫攻坚取得显著成效 / 7
    四、党建兴村、产业富村，实行整村推进 / 12
    五、小结和讨论 / 19

第二章 大坝村：以长远规划和科学管理引领脱贫道路 / 21
    一、脱贫攻坚战基期村庄概况 / 22
    二、脱贫攻坚资金投入与发展措施 / 24
    三、脱贫攻坚成效 / 29
    四、脱贫攻坚典型经验 / 32
    五、小结和讨论 / 35

第三章 箐口村：村庄组织化和有效治理 / 39
    一、脱贫攻坚战基期村内情况 / 40
    二、脱贫攻坚资金投入与发展措施 / 42
    三、脱贫攻坚成效 / 48
    四、脱贫攻坚典型经验 / 52
    五、小结与讨论 / 56

第四章　青杠坝村：以文明乡风筑牢村庄现代化发展之基　/ 59
　　一、脱贫攻坚战基期村庄概况　/ 60
　　二、脱贫攻坚资金投入与发展措施　/ 62
　　三、脱贫攻坚成效　/ 69
　　四、总结和讨论　/ 73

第五章　高峰村：整村推进结对帮扶　/ 77
　　一、脱贫攻坚基期村庄基本情况　/ 78
　　二、脱贫攻坚资金投入与贫困治理措施　/ 81
　　三、贫困治理成效　/ 84
　　四、村村结对帮扶典型经验　/ 90
　　五、长效帮扶的挑战及建议　/ 93

后　记　/ 97

第一章

塘约村：
党建引领、村社一体与乡风治理

塘约村位于贵州省平坝区西部，距离区人民政府15公里、乐平镇3.5公里，是原国定贫困村。华中师范大学调研组于2019年9月20日至23日深入塘约村开展贫困村脱贫出列典型案例调查，在收集定量与定性材料的基础上完成本报告。

一、脱贫攻坚基期村庄概况

（一）人口数量较多，青壮劳力大量外流

塘约村下辖10个自然村寨，11个村民小组，有汉、苗、回等民族共同居住，是一个人口较多的行政村。2015年，村庄总户数921户，总人口3392人，其中青壮年劳动力1644人，占总人口的48.47%，外出务工青壮年劳动力人数达1300人，占青壮年劳动力人数的79.08%，占总人口的38.33%。由此可见，塘约村青壮年劳动力较多，但青壮年劳动力外出务工现象十分普遍，青壮年劳动力流失较为严重。

（二）人多地少，资源禀赋先天不足

塘约村总面积5.7平方公里，耕地面积4864亩，其中水田2956亩，旱地1908亩；村内林地面积1200亩，森林覆盖率高达76.8%；村庄水资源丰富，乐平河、小坉河穿村而过，年径流量合计约3000万立方米。但塘约村以丘陵山地为主，坡耕地较多，平地较少，人均耕地只有1.4亩。加之村内土地分散，规模化生产受到限制，产业结构单一，主要的粮食作物为水稻和玉米，产业发展能力不足，农民增收渠道单一。此外，村内缺乏经济实体，发展资金长期不足，村集体经济主要依靠财政部门拨付的办公经费维持运转。

（三）基础设施与人居环境较差

脱贫攻坚以前，塘约村人居环境较差，"破石板、烂石墙、泥巴路、水凼凼"是其真实写照。2014年，一场洪水冲毁了塘约村部分房屋和道路，村内基础设施更加落后，10个自然村中有6个自然村没有通公路，村内土路坡度高，"晴天出行满身灰，雨天出行满身泥"成为塘约村道路交通最真实的反映，村民看病上学十分不方便，农产品销售更是难上加难。交通落后成为塘约村最主要的致贫原因。除了人居环境不理想，塘约村的公共服务设施也很薄弱。村内没有幼儿园，村小学教学设施和条件十分落后，仅有几间教室，没有运动场、篮球场、食堂等，师资力量严重不足；村卫生室面积狭小且环境较差，没有全科医生；全村只有3个自然村通宽带和电话，获取信息的渠道少之又少。

（四）致贫原因多样，收入水平不高

2015年，塘约村有贫困户120户401人，贫困发生率11.82%。导致塘约村陷入贫困的原因复杂多样，其中因缺技术致贫的有48户174人，占贫困人口的43.39%；因学致贫的有21户86人，占贫困人口的21.45%；因病致贫的有30户67人，占贫困人口的16.71%；因灾致贫的有12户61人，占贫困人口的15.21%；因缺劳力致贫的有6户7人，占贫困人口的1.75%；因缺资金致贫的有1户3人，占贫困人口的0.75%；因自身发展动力不足致贫的有2户3人，占贫困人口的0.75%。多重致贫因素导致贫困户收入水平不高。塘约村贫困户人均可支配收入3500元，主要收入来源为务工，其中工资性收入2600元，转移性收入500元，财产性收入400元。

二、资金投入与脱贫措施

（一）加强基础设施建设，激发产业潜能

加强农村基础设施建设，对于发展农村经济，促进农民增收，改变农村落后面貌具有重要的支撑作用。脱贫攻坚以来，塘约村加大资金统筹整合力度，提高统筹整合资金使用效率，大力实施"基础先行"战略，加快补齐基础设施短板，把加快基础设施建设作为改善村民生活的重要手段。2015年至2018年，塘约村累计投入各类资金1809.21万元用于完善基础设施建设。其中，区级融资672.67万元用于建设"组组通"公路7.8公里，硬化联户路39499.86平方米，庭院硬化73721.49平方米，实现整村覆盖；

投入中央及地方扶贫专项资金1064.6万元用于开挖、硬化道路51.6公里；投入青岛市对口帮扶资金20万元用于实施路灯亮化工程，完成路灯安装80盏，覆盖石头寨、谷掰寨、硐门前三个村民组；水利部门投入专项资金51.94万元用于实施覆盖全村的饮水工程。

此外，塘约村在2018年累计整合农业、扶贫、水利、发改、交通、财政等部门资金4100余万元，累计使用贷款资金1420万元，规划基础设施建设项目、产业扶贫项目、美丽乡村建设项目23个，完成171户房屋景观整治、乐平镇至塘约村直线大道建设、小屯田至塘约平桥河道治理等项目。村集体合作社下设的荷塘月色公司融资1170万元，与青岛共建380亩的蔬菜产业示范园，力争形成育苗、示范种植、果蔬观光和冷链物流为一体的种、赏、藏、销体系，走出具有平坝特色的现代山地农业发展新路子。

（二）组织领导有力，制度实施有效

脱贫攻坚以来，塘约村根据区、镇两级脱贫工作部署，以促进贫困人口脱贫为目标，牢固树立全村一盘棋，扎实推进精准扶贫、精准脱贫工作，使村庄走向产业兴旺、乡风文明、治理有效的道路。

第一，加强组织领导，落实扶贫措施。塘约村成立脱贫攻坚工作队，帮村书记任指挥长，挂村领导书记任副指挥长，村两委班子担任成员，确定一名村办事员为扶贫专干，通过明确扶贫工作职责，积极落实各项扶贫措施和扶贫政策，确保扶贫工作取得实效。除了成立脱贫攻坚工作队之外，塘约村还坚持加强基层党组织建设，强化党建引领作用，推行"支部管理全村、村民监督党员"制度，建立党员积分管理制度，强化党员绩效考核，管好党员队伍。具体而言，塘约村对每位党员实行每月10分制、每年120分制的"驾照式"扣分管理，年终积分高于90分的党员予以奖励，低于60分的党员则采取相关组织措施。

第二，发展壮大村级集体经济，助推群众脱贫致富。塘约村积极调整集体经济发展思路，实施农村土地承包经营权、林权、集体土地所有权、集体建设用地使用权、房屋所有权、小型水利工程权、农村集体财产权"七权同确"，成立村社一体的金土地合作社，把承包到户的责任田通过自愿入股的方式全部集中到村集体，由金土地合作社统一经营。由此一来，大部分农民便从土地生产中解放出来，有时间从事第二、三产业。此外，塘约村根据村民的专业和特长，在金土地合作社设置市场营销中心、妇女创业联合会、建筑队、运输队等实体机构，壮大村集体经济，吸引人才回流，促进农村一二三产业融合发展。

第三，"九条村规"除陋习，提振村民脱贫致富精气神。塘约村党总支通过设置意见箱、召开群众院坝会等形式收集群众对村两委的工作意见。针对村民反映强烈的村内滥办酒席、不赡养老人等陋习，村民代表大会颁布了九条村规，即"红九条"。为了公平公正公开地执行"红九条"，确保制度有效落实，塘约村建立一支由寨老、乡贤、村干部、退休干部、村民代表为主体的"执法队伍"。针对村内红白喜事专门成立了红白理事会，对违反"红九条"的村民，坚持零容忍执法，树立村规威信。此外，塘约村还建立了"奖惩双轨并行制度"，对违反"红九条"的村民纳入"黑名单"制度管理。列入"黑名单"的村民，3个月内无法办理任何手续、无法享受任何惠民政策。村内还建立了补贴红白喜事的帮厨制度，组建3支专业服务队，无偿为村民提供"一条龙"

酒席代办服务，以"理事会包办"取缔"村民滥办"，服务队所需设备及服务人员劳务补贴全部由村集体资金统一列支，有效革除了陈规陋习，提振了村民脱贫致富的精气神。

三、脱贫攻坚取得显著成效

（一）贫困人口脱贫，贫困发生率大幅降低

在全体村民的共同努力下，塘约村的贫困面貌得到明显改善。水、电、路、网等突出短板得到补齐，基础设施和公共服务得到有效提高，城乡居民基本医疗保险、大病医疗保险实现全覆盖，无义务教育阶段因贫失学辍学的问题，住房安全得到有效保障。截至2018年，塘约村共脱贫97户323人，贫困发生率下降到2.2%。此外，贫困户收入明显提高，2018年贫困户人均可支配收入达6800元。

（二）村民收入结构多元化，收入水平显著提升

2018年年底，塘约村贫困户的收入结构和收入水平较脱贫攻坚以前有了明显的改善。塘约村通过整合村内资源，实行"三变"改革，盘活了村内村外资源，增加了村民的土地流转费和土地入股分红收入。村集体合作社的产业发展为村民提供了就业机会，部分贫困户可通过公益性岗位获得工资性收入。2015年全村人均可支配收入为4500元，其中贫困户人均可支配收入为3500元；而2018年村民收入水平得到了明显提高，全村人均可支配收入为14140元，其中贫困户人均可支配收入为6800元，工资性收入占56%，转移性收入占18%，财产性收入占26%（如表1-1

所示）。村民收入水平不断提高的同时，收入结构也逐步迈向多元化方向发展。

表 1-1 贫困户收入及其构成情况表

观测指标	单位	2015 年	2018 年
贫困户人均可支配收入	元	3500	6800
贫困户工资性收入	元	2600	3800
贫困户转移性收入	元	500	1200
贫困户财产性收入	元	400	1800
贫困户获得公益岗位人数	人	0	6

（三）基础设施与人居环境明显改善

水、电、路、网、房是关乎百姓生活的重大民生工程，塘约村脱贫攻坚重大任务之一便是加强基础设施建设。脱贫攻坚以来，村内基础设施和人居环境得到明显改善。通公路和主干道路面经过硬化处理的自然村个数由 2015 年的 6 个增加至 2018 年的 10 个，实现了"村村通，组组通，户户通，坡坡通"。2016 年至 2018 年，全村危房改造 64 户，村内设有垃圾集中收集处理设施、污水排水沟渠，家家户户实现了安全饮水有保障；10 个自然村全部实现通电话、通宽带，接收信息渠道通畅；实现卫生厕所全覆盖的自然村个数由 2015 年的 1 个增加至 2018 年的 6 个，家庭卫生保障水平得到大幅提升（见表 1-2）。

表 1-2 基础设施与人居环境情况表

观测指标	单位	2015 年观测值	2018 年观测值
通公路的自然村个数	个	6	10
主干道路面经过硬化处理的自然村个数	个	6	10
通生产、生活用电的农户数量	户	921	921

表 1-2　基础设施与人居环境情况表

续　表

观测指标	单位	2015年观测值	2018年观测值
是否有垃圾集中收集处理设施	—	否	是
是否有污水排放沟渠	—	否	是
通电话的自然村个数	个	3	10
通宽带的自然村个数	个	3	10
实现卫生厕所全覆盖的自然村个数	个	1	6
易地扶贫搬迁贫困户数量	户	1	1

（四）公共服务优化，百姓生活更便捷

脱贫攻坚以前，塘约村农户生产、生活所需的公共服务供给不足，存在"出行难""上学难""看病难"等影响农村生产发展和农户生活质量的难题。截至2018年年底，塘约村的公共服务水平得到了明显提高。在医疗保障上，基础医疗资源不断完善，增加了1名全科医生，村卫生室由2015年的2个增至2018年的4个，全部村民均参加了合作医疗保险和大病医疗保险，医疗保障水平有所提高。在教育设施上，塘约村新建了1所幼儿园，村小学扩建了教室，增加了运动场和宿舍，改善了学习环境（见表1-3）。在教师队伍上，师资力量明显改善，改变了以往没有英语教师的状况，教师数量由原来的5人增加至21人，学生人数由原来的160多人增加至400多人。在文化生活上，塘约村修建了1个村史馆和3个文化广场，激励村民们牢记祖辈艰苦奋斗的历史，同时还鼓励村民在文化广场上锻炼身体，开展各种文娱活动，使村庄文化生活丰富多彩。

表 1-3 公共服务情况表

观测指标	单位	2015 年观测值	2018 年观测值
本村卫生室个数	个	2	4
本村卫生室全科医生数量	人	0	1
本村幼儿园或学前班数量	个	0	1
贫困户参加合作医疗人数	人	600	678
贫困户加入大病医疗保险人数	人	600	678
是否有文体活动场所/图书室/文化室	个	否	是

（五）群众内生动力不断提高

塘约村在党支部的带领下，走上了"村社一体、合股联营"的合作社道路，全体村民自愿把承包地确权流转到合作社，由合作社统一规划，打破以往提篮小卖的困境，生产逐步规模化。同时，合作社突破了专门从事农业生产的常规模式，在内部组建妇女创业联合会、红白理事会，设立劳务输出公司、建筑公司、运输公司等，开展综合培训，整合优化全村劳动力资源，为贫困户、返乡农民工等提供大量就业机会，有效拓宽了农民增收渠道。针对村内"懒汉"，村干部坚决反对送钱送物，采取鼓励劳动并给予奖励的措施，按照挣 1000 元奖励 300 元的标准每周核算奖励并在村民代表大会上宣布奖励名单。该办法激发"懒汉"们的内生动力，使其明白幸福的生活需要通过自身奋斗，不能有"等、靠、要"的思想。这些措施激发了群众的内生动力，村民人均纯收入由 2013 年的 4000 元左右增至 2018 年的 14140 元，贫困户由 138 户 600 人减少至 2018 年 23 户 78 人。

（六）村风民风更加文明

针对滥办酒席不良风气，塘约村制定了村规民约，成立了老年协会和红白理事会，为规范乡村生活、稳定乡村秩序发挥了重要作用。过去的塘约村滥办酒席风气十分严重，陷入"酒席越办越穷，越穷越办"的怪圈。自2015年成立以来，老年协会和红白理事会秉承"公平公正公开"的原则，不断改进工作办法，积极发挥规范乡村秩序的作用。经过治理，塘约村的"红九条"刹住了滥办酒席的不良风气，全村酒席从2015年的每年200多起下降到2018年的40余起，标准从2015年的每桌350元下降到2018年的100元左右。与2015年相比，2018年村内平均聘礼支出减少了3万元，平均婚宴支出减少了1.3万元，平均葬礼支出减少了3.6万元，村内人情往来净支出减少了9000元，大大减轻了村民的负担（见表1-4）。

表1-4 乡风文明情况表

观测指标	单位	2015年观测值	2018年观测值
村内平均聘礼支出	元	80000	50000
村内平均婚宴支出	元	28000	15000
是否有村规民约	—	是	是
村内平均葬礼支出	元	60000	24000
村内人情往来净支出	元	12000	3000
年内受到刑事处罚人数	人	1	1
是否有红白理事会	—	是	是
是否有调解委员会	—	是	是

（七）村级治理能力明显提升

塘约村村级治理能力的提高体现在以党员带头模范作用为先，以村集体经济发展为基础，以民主监督为保障的机制中。通过党员的示范引领作用，激发了村民参与村庄公共事务管理的热情，积极为村庄发展建设献言献策、贡献力量。在党组织强有力的引领下，全体村民共同努力发展壮大集体经济，不断扩大村集体合作社规模，寻求更高的经济效益。2013年，塘约村村集体经济收入仅有3.9万，农民人均收入仅为3786元；2018年，塘约村村集体经济高达362万元，农民人均收入为14140元。短短几年时间，塘约村从贫困村变成了村民人均收入上万元、村集体经济增至362万元的小康村。此外，塘约村严格落实"三会一课制度"，实行"驾照式"扣分管理制度，建立了村委会自身监督、监督委员会专门监督和村民小组民主监督的三方监督机制，不断提高民主监督实效。通过激发党员的模范带头作用、发展集体经济、健全民主监督途径，大大提高了塘约村的村级治理能力。

四、党建兴村、产业富村，实行整村推进

（一）加强基层党组织建设，以党建引领脱贫攻坚

长久以来，大多数村庄集体经济趋于消散，农村基层党组织软弱无力，农民群众如一盘散沙，党群关系、干群关系越来越松散。过去的塘约村也是如此，基层党组织的战斗堡垒作用不断弱化，村集体经济薄弱，村庄整体团结度不高，缺乏凝聚力。为了充分发挥基层党组织在脱贫攻坚中的关键作用，塘约村牢牢把握基层党组织这个根本，多措并举加强党组织的建设，想方设法做

好群众工作，激发群众活力。

第一，实行党组织网格化管理，密切联系群众。根据村寨的规模、空间布局，以及党员的数量、分布情况，将全村11个村民小组、53名党员划分为3个网格党支部和11个村寨党小组，专门负责收集村情民意，受理群众代办事项，组织群众开展活动，把党的力量延伸至村组农户。这种网格化的管理方式优化了党组织设置，使党的好政策和各级党组织的决策部署能够传递和惠及到每一个群众。

第二，严格党组织生活，增强责任意识。塘约村党总支把全面从严治党的要求落实到每一个党支部、每一名党员，认真抓实"三会一课"制度。党总支制定了严格的例会制度，每周一开例会，总结汇报上周工作，安排部署本周工作。党小组会议每半月召开一次，推动各项工作不断取得新进展。党员大会每月召开一次，学习习近平总书记系列重要讲话，学习党中央和上级党委的决策部署，学习党员的权利和义务，通报本月工作推进情况，安排下个月的工作。此外，塘约村为畅通党组织与群众的联系，充分了解村情民意，建立了党小组—党支部—党总支的信息反馈机制，让党总支的决策第一时间传达到每一位党员群众，让群众的意见建议第一时间反馈到党总支。

第三，实施党员量化积分管理，严格村干部的管理措施。加强党员队伍管理是全面从严治党的基础。塘约村党总支对党员实行每月10分制、每年120分制"驾照式"扣分管理，将其日常表现细化为学习教育、组织生活、履行职责等5类14项内容，小组村民议事会每月末进行测评打分，违反即扣除相应分值，年终由村务监督委员会统一计分。年终积分高于90分的党员按照小组长报酬标准给予奖励，年终积分低于60分的定为不合格，连续3年不合格的党员将采取相关组织措施，严重的劝其退党。与党员队伍相比，塘约村对村干部的管理更加严格，对村干部采取"定岗不定人、年末满分兑现3万元报酬"考核制，每周召开村支两委例会，会上对本周工作进行安排，并对上周工作进行互相评分。连续3周未完成交派任务的村干部作"待岗"处理，并由他人接替。年末进行综合核算，周考评结果占50%，年底的村民小组长评分和村民代表评分分别占比30%、20%，按比例计算综合得分并以此作为干部绩效考核依据。

第四，坚持村务公开，汇聚民众向心力。塘约村坚持做到阳光村务，让村民对村庄事务事事知情、有参与监督机会、有发言权，充分体现村民主体地位。村干部每年组织村民代表就村里重大项目的落实、资金使用情况、制度执行等问题进行现场答疑，对没有落实的事项做出说明，向群众征求整改措施，明确完成时限，让群众吃下跟党走的定心丸。同时，建立村委会自身监督、监督委员会专门监督和村民小组民主监督的三方监督机制，激发党员群众的热情，不断增强党组织的凝聚力、号召力、战斗力。塘约村坚持公示公开村务，让群众真正知晓村里大小事务，让监督在阳光下运行，给老百姓算清"明白账"的同时也凝聚了群众的向心力。

塘约村通过以上措施加强了基层党组织建设，践行习近平总书记在十九大报告中指出的"党支部要担负好直接教育党员、管理党员、监督党员和组织群众、宣传群众、凝聚群众、服务群众的职责，引导广大党员发挥先锋模范作用"。[1]更为重要的是，这

---

[1] 习近平：《决胜全面建成小康社会　夺取新时代中国特色社会主义伟大胜利——在中国共产党第十九次全国代表大会上的报告》（2017年10月18日），《人民日报》2017年10月28日。

些举措还扩大了基层党组织的覆盖面，解决了以往基层党组织弱化、虚化、边缘化问题，成功做到以党建引领促进脱贫攻坚。

（二）深化农村综合改革，走"村社一体、合股联营"集体化道路

脱贫攻坚以前，塘约村"三留守"现象突出，村庄空心化现象比较严重，外出务工的人员比例曾高达到79%，村庄缺乏发展的主体。此外，村里土地分散，无法形成规模化生产，农产品只能提篮小卖。面对此种窘境，要想改变贫穷的状态就必须把村庄重新组织起来，走集体化道路。

首先，改革农村产权制度，激活村内资源。采用航拍等高科技手段重新丈量全村土地，对有地无证、有证无地、一地多证等问题进行梳理汇总，利用村民小组、村民调解委员会、村民代表大会"三级调解"制度，有效地化解土地矛盾纠纷。同时实行"七权同确"，对村民的农村土地经营承包权、林权、集体土地所有权、集体建设用地使用权、房屋所有权、小型水利工程产权和农村集体财产权等七项农村产权进行确权登记，明晰农户和集体资产的权益。土地确权稳定了土地承包关系，确保"所有权""承包权""经营权"三权分置得以实施，为农村产权交易打下基础，推动土地适度规模经营和土地经营权参社入股。[1] 此外，塘约村按照承包权与经营权分离原则，构建"3+X"支农扶农信贷新模式[2]，提供授信额度高达缴纳担保基金10倍的林地、小型水利工程等抵押

---

[1] 文兵:《党建促脱贫：塘约村的探索之路》，《中国民族报》2017年9月29日。
[2] "3+X"支农扶农信贷新模式，即"3"指农村信用社、村委会、金土地合作社，"X"指公司、合作社、专业大户、农户等利益共享与风险共担主体。

贷款，利率在同期同档次基础上给予优惠。

其次，将土地流转入股，建立合股联营的产业合作社。按照"村社一体、合股联营"的发展思路，建立村党总支引领、村民入股的村集体经济组织金土地合作社。通过流转的方式把土地的分散经营转变为集体经营，按照村民自愿原则，对农户承包的土地按照流转前的正常收益作价入股，实现全村户户带股入社，共有股东921户、股权5230股，经营所得收益按照合作社30%、村集体30%、村民40%的模式进行分红，实现村集体、村民、合作社三方共赢。在村集体30%的收入中，抽出20%作为合作社的风险防控基金，为合作社和广大村民购买了合作经营的"意外保险"。此外，合作社为贫困户额外赠送15股，增加贫困户分红收入。2018年村级集体创收362万元，股东（社员包含贫困户）分红144.8万元。

最后，不断提升优化产业，提高收益。发展产业是实现脱贫的根本之策。塘约村树立抓扶贫抓发展就要抓产业的强烈意识，根据自身发展特色和市场需求调整产业结构，因地制宜发展特色优势产业。2014年以来合作社先后试验种植李子、核桃、黄秋葵、莲藕、大葱、香葱、韭黄等果蔬品种，最终确定以经果产业和香细蔬菜类作物为主打产业。2018年发展经果林产业1200亩，到2019年经果林产业已发展到1277亩，蔬菜种植产业2100亩。合作社种植的产业解决了村里妇女老人的就业问题，但无法留住返乡年轻人。因而，合作社又在内部组建运输公司、建筑公司、妇女创业联合会等经营实体，加强劳动力职业技能培训。村内有货车、有驾照的村民组建运输协会，合作社为有驾照但无车的村民担保贷款买车，村里有业务时优先安排给本村的运输队。合作社的建筑公司已获得相关资质，下设3个队共320人，涵盖水泥工、粉刷工、石工、水电安装工等工种，其中220人已通过资格考试获得建筑技工证。以前大部分外出务工人员从事建筑业，现在实现了在家门口就业增收。妇女创业联合会由村妇女主任牵头负责，把全村50岁以下的妇女组织起来，多渠道进行劳务分流，平时在合作社务工获取收入，农闲时组织妇女到城里开展保洁、家政等业务。合作社的发展带动了村民就业，长期安排本村及周边村寨村民200余人务工，其中贫困户20人，每人每月工资达2800元以上，同时可带动周边大尧、新光、大屯、小屯等村寨300余户贫困户种植蔬菜。

（三）治理乡风民风，助推脱贫攻坚

大力推进乡风文明建设，能够帮助村民改变落后观念，树立发展信心，提升勤劳致富的能力和素质，最终实现生活富裕的目标。但如何从思想上引导村民，提高村民的觉悟，改变滥办酒席、"不孝敬父母，不奉养父母"和"不管教未成年"等陋习，成为塘约村打赢脱贫攻坚战的重要问题。为了改变乡村精神风貌，树立村民脱贫致富的信心，塘约村狠抓乡风民风建设。

第一，设置管理机构，成立"红白理事会"及服务队。红白理事会成员7名，每个村民小组各选出1人担任常务理事，另设由14名服务人员构成的服务队，专门为村内酒席提供服务。村民办酒席均需提前申报，白喜在逝者死亡后立即申报，酒席规模控制在40桌以内，一般规定办席时长为3—5天；红喜至少提前一周申报，酒席规模控制在30桌以内，规定办席时长为2天。凡予以批准的酒席由村集体统一提供餐具、厨具

以及服务人员，服务人员的工钱由村集体承担，操办方只需购买材料即可。若红喜酒席超过 30 桌、白喜酒席超过 40 桌，由操办方按每桌 15 元的标准缴纳服务费；红喜超过 2 天、白喜超过 5 天，服务费用由操办方全部承担。除红白酒席可办理外，其他酒席一律不准操办，一经发现，收缴食材送给学校或养老院。

第二，村民代表制定村规"红九条"和"黑名单"。村规民约是基层民主的重要方式。村党总支在广泛听取村民意见基础上，针对反映强烈的滥办酒席等陋习，颁布了九条村规，称为"红九条"，即不参加公共事业建设者，不交卫生管理费者，滥办酒席铺张浪费者，贷款不守信用者，不按规划乱建房屋者，不积极配合组委会工作者，不支持村支两委重大决策者，不孝敬、不赡养父母者，不管教未成年子女者。"红九条"被村民形象地称为村内"宪法"，它基本涵盖了诚信、守法、忠孝等价值观念，有效规范和指导群众的行为习惯，激发村民的主人翁意识，鼓励其积极参与村庄建设。为了保障"红九条"的实施，塘约村由村民代表大会制定了黑名单惩治违规制度。凡违反"红九条"者，以户为单位，列入"黑名单"管理，考察期为三个月。考察期间，村两委对列入"黑名单"的农户不予以办理任何相关手续，取消享受部分优惠政策的权利，直至被列入"黑名单"的农户改正错误行为，经村民代表大会考察合格并同意消除"黑名单"后，方可继续享受国家一切优惠政策和村支两委提供的服务。经过治理，塘约村的村风民风得到改善，有效遏制滥办酒席的不良之风，2019 年全村酒席总量比 2015 年以前减少了 70%，大大减轻了村民生活的负担，为村集体经济制度改革奠定基础。

五、小结和讨论

从微观层面看,当前我国扶贫工作最突出的问题是农民在政府主导的脱贫攻坚的弱参与性,进而导致"农民主体性"的丧失,对关乎自身利益的脱贫攻坚不太关心,使得脱贫工作难以推进。从宏观层面看,"农民主体性"地位的丧失又会进一步削弱农民参与的积极性和责任感,导致脱贫效果不理想。[1] 塘约村在党组织的领导下组建合作社等集体经济组织,在发展集体经济、合作经济基础上把农民组织起来,充分发挥了农民的主体地位,摆脱了主要依靠外部力量扶贫的思维。此外,塘约村严格按照"民主选举、民主决策、民主管理、民主监督"的原则,实行村级事务"四议两公开",村干部严格落实惠民政策,尊重群众知情权和参与权,在经济社会发展中进一步巩固了村民群众的发展主体和主人翁地位。塘约村的实践证明,发挥村民主体性是我国全面建成小康社会的必然要求,也是彻底改变贫困地区落后局面的重要途径,更是实施乡村振兴战略的政治保障。因此,不管是在脱贫攻坚阶段还是乡村振兴阶段,都要确保农民的主体地位,真正实现农民当家作主的权利,才能更大限度地尊重民意、吸纳民智,激活民众的参与热情,实现村民自治,完善基层民主政治建设。

(本案例执笔人:徐伟清)

---

[1] 吴玲、蒋永宁:《精准扶贫中农民主体性探索》,《安徽农业科学》2018年第46卷第16期。

案例点评

基层党组织均是贯彻落实党中央决策部署的"最后一公里",是带领群众脱贫致富的坚强战斗堡垒。习近平总书记在2015年中央扶贫开发工作会议上指出"抓好党建促脱贫攻坚,是贫困地区脱贫致富的重要经验"。在脱贫攻坚期间,塘约村一直坚持以党建引领脱贫攻坚,积累了独特且成功的经验。在党员管理上,实施量化积分管理。村党总支对党员实行每月10分制、每年120分制"驾照式"扣分管理,每月末由小组村民议事会进行测评打分,年终由村务监督委员会统一计分。对年终积分高于90分的党员按照小组长报酬标准给予奖励,对年终积分连续3年低于60分的党员采取相关组织措施。在服务群众上,实行党组织网格化管理。将全村11个村民小组、53名党员划分为3个网格党支部和11个村寨党小组,专门负责受理群众代办事项、组织群众开展活动,将党的触角延伸到每一个村组农户,第一时间将脱贫攻坚的好政策、好措施落实到各家各户。党员量化积分管理制度将对党员的监督具体到学习教育、组织生活、履行职责等5类14项内容,以"奖优罚劣"的形式督促党员更好履行义务,有利于加强党员队伍的建设;而党组织网格化管理能够保障将每一位群众都紧密地团结在党的旗帜之下,解决居住分散带来的管理难题。塘约村关于党员量化积分管理和党组织网格化管理的制度创新是塘约村解决村级党组织涣散、凝聚党组织力量的有效做法,对新时代加强基层党组织建设,推进有效治理提供了参考和借鉴。

(点评人:陆汉文,华中师范大学教授;梁爱有,华中师范大学)

第二章

大坝村：
以长远规划和科学管理引领脱贫道路

大坝村位于贵州安顺市西秀区双堡镇西面，距离安顺市城区21公里、距双堡镇政府所在地8.5公里。大坝村发展基础薄弱，但发展动力充足，经过多年的努力，全村于2016年实现脱贫。华中师范大学调研组于2019年9月16日至19日深入大坝村开展实地调研工作，在收集定量与定性材料的基础上完成本报告。

一、脱贫攻坚战基期村庄概况

（一）贫困程度深、资源禀赋差

大坝村下辖9个自然村寨6个村民小组，属于汉、苗、彝、白、布依等多个民族共同居住村庄。2016年，全村共有农户374户，总人口1472人，其中建档立卡贫困户55户188人，贫困发生率为12.77%，是原省级二类贫困村；村内享受低保政策的人口数量为74户243人，有较大比例人口家庭状况不容乐观。总体上看，大坝村人口数量较多，贫困程度较深。此外，大坝村整体地势较为平坦，总耕地面积为3457亩，其中有效灌溉面积约1000亩，以种植玉米、水稻、烤烟等传统农作物为主，全村无牧草地、无养殖水面，资源禀赋先天不足。

（二）基础设施和人居环境仍需改善

大坝村原为偏远落后小村落，土地贫瘠、缺水严重，曾经流传"大坝大坝，烂房烂瓦烂坝坝，小伙难娶，姑娘外嫁"的民谣是大坝村基础设施的真实写照。2012年，随着大坝村发展产业，村庄的基础设施及人居环境有所改善。截至2015年，大坝村道路交通较为方便，行政村已通客运班车，9个村寨全部通硬化道路，村内入户设施条件整体较好，全部农户已通生产生活用电用水，所有农户均具备电话、有线电视和网络宽带接入条件。但村庄公共服务设施仍比较薄弱，全村尚未实现卫生厕所全覆盖；仅有1个卫生服务站，无全科医生；无幼儿园与学前班，无村级文化活动室。此外，大坝村村容村貌发展规划虽已初具雏形，但尚未形成规模，村庄整体发展建设尚处于起步阶段。

（三）生计发展趋势向好

脱贫攻坚以前，大坝村生计发展主要经历三个演变阶段。第一阶段以种养殖为主，效益低下。2011年前种植业主要以水稻、玉米、油菜和烤烟等常规作物为主，养殖业主要以农户零星养殖鸡、鸭、猪、牛等为主。传统的种植业和养殖业仅能满足村民基本温饱，绝大部分家庭全年务农收入在1000元以下。加之大坝村旱涝灾害频繁，水利设施落后，传统的种植业和养殖业抗风险能力极弱，外出务工成为全村最主要的收入来源。第二阶段为发展刺梨，做强产业。2012年，大坝村95%以上耕地集中流转或入股到合作社，开始大面积种植金刺梨。村民收入以金刺梨产业为主，包括基本的刺梨果收入、种植园区务工收入和土地流转收入，刺梨产业为普通村民家庭增收至少1万元至2万元不等。第三阶段为收入升级，效益提升。2015年前后，大坝村以金刺梨产业为基础发展出育种、观光、果酒，以及蚂蚱、农家乐、乡村游等综合性的增收渠道，大坝村产业实现整体升级，但是新的产业发展需要培育，增收效果尚待验证。由此可见，大坝村的收入渠道经历了由多样到相对集中再到多样的发展历程，同时收入结构呈现由经营性收入向劳务性收入转变，由第一产业向第二、三产业转变的特征。

二、脱贫攻坚资金投入与发展措施

（一）以基础设施和产业发展为资金投入重点

以资金投入强化基础设施建设。精准脱贫政策实施以来，大坝村根据产业的长期规划和布局，积极争取政府投入，大力整合社会资源。2013年至2019年，共投入5670万元用于修建产业路13公里，解决了产业发展和对外物流联通的问题；整合扶贫、财政、发改、农业等部门的资金共1000余万元，修建了通村公路6.3公里，通组公路15公里，同时安装路灯268盏，配备垃圾箱48个，建成污水处理站5座、垃圾转运站1个，铺设污水处理管网2000米，硬化活动广场3300平方米，修建灌溉沟渠1500米，修建机耕道6公里，安装自来水管道10000余米，修建小水窖（小山塘）2个；争取区级养护资金7.5万元和乡镇自筹资金7.5万元，保证道路"建好"也"养好"，解决群众外出、交通运输和村内互联问题的同时，也实现了村容村貌的科学规划布局。

以资金投入夯实产业发展根基。2013年至2019年，大坝村累计投入1亿多元用于发展产业，种植金刺梨达5000亩，建成年产5000吨以上的金刺梨现代化果酒加工厂1座，种植雷竹300余亩、晚熟脆红李400余亩、"藕+鱼综合种养殖"基地300亩。在养殖加工方面，发展林下生态鸡养殖，年存栏10000余羽，建成300头规模的生态肉牛养殖场1个，建成蚂蚱养殖基地等。为了扶持有志农户发展，全村共落实扶贫小额信贷50万元，惠及贫困户9户，贷款主要用于发展种植业和养殖业。

（二）脱贫攻坚主要措施

相对大部分贫困村而言，大坝村自精准脱贫伊始便有着较好的产业基础和规划布局。而在整个脱贫攻坚期间，大坝村始终秉持在发展中脱贫的思路，以贫困户发展为核心，以组织管理、产业升级、贫困帮扶和乡风文明等为抓手，实现精准脱贫，共迈小康。

1. 压实责任，明确标准，保障扶贫措施精准有效

健全组织体系，提升组织效率。在区、镇脱贫攻坚组织有力领导下，大坝村统筹包村干部、驻村工作队和村两委力量，成立了决战决胜脱贫攻坚作战室，明确工作事项和责任人，每月定期召开工作部署会、推进会和汇报会，确保各项工作有力推进、精准实施。

紧抓脱贫指标，实时动态管理。根据脱贫攻坚总体部署，大坝村紧紧围绕精准识别准确率、精准退出准确率和群众认可度三项核心指标，采取定期和不定期两种方式开展精准识别回头看和贫困退出大筛查工作，加强贫困人口动态管理。以常态化核查为抓手，将因灾、因病、因学新增贫困户和返贫、漏评的贫困户适

时纳入工作重点，并根据实际贫困情况制定精准帮扶措施，明确帮扶责任人，真正做到"扶贫不漏一人，脱贫不错一户"。此外，实行贫困户识别"一比对两公示一公告"、贫困户退出"一公示一公告"程序以及签字背书确认制度，确保贫困人口识别和退出符合国家标准。截至 2019 年年底，根据动态管理监测结果，大坝村建档立卡贫困人口 56 户 205 人①全部实现高标准脱贫。

2. 夯实刺梨产业基础，打造多元产业形态

做大做强刺梨产业。2008 年，大坝村支部书记自行引进 30 亩金刺梨进行规模化试种和试育苗。2011 年，金刺梨规模化试种初见成效，极大激发了当地村民种植金刺梨的积极性。2012 年，大坝村成立安顺市大坝村延年果种植农民专业合作社，95% 以上的农户将耕地全部流转到合作社，逐步形成"支部 + 合作社 + 基地 + 农户"的农业生产经营模式，即建立金刺梨种植基地，以支部为引导者，合作社为组织者，农户为生产者。为了扩大金刺梨的生产力和影响力，大坝村利用技术和市场优势，帮助周边村庄发展金刺梨种植，并在 2018 年与外部力量合作成立现代化果酒厂。这不仅解决了刺梨果市场不稳定造成的低价抛售困境，还实现了产业的深加工和价值链的延伸，从横向的产业发展和纵向的产业价值上为金刺梨产业打造良好的基础。

实现多元产业优化融合。为了保持产业发展稳定性，提升产业竞争力，大坝村逐渐摒弃传统的烤烟和分散的种养殖产业，转向以安顺市大坝村延年果种植农民专业合作社为核心的经营模

---

① 2019 年大坝村有建档立卡贫困人口 56 户 205 人，与 2015 年建档立卡贫困户 55 户 188 人不一致，数据差别为人口自然增减后动态调整的结果。

式，整合土地资源，进行非耕地开发。在大力发展金刺梨产业的同时，大坝村发展了附加值较高的晚熟脆红李、雷竹、黄金菊以及林下养鸡、肉牛、蚂蚱等规模化种养殖作物。在生产加工业方面，大坝村大力争取扶贫部门扶持，建设了总装机量20千瓦的太阳能光伏薄膜发电项目，建成年产5000吨以上的西南地区最大果酒加工厂——贵州大兴延年果酒有限责任公司果酒加工厂。在第三产业方面，引进青岛榕昕集团，科学利用山地荒坡资源，投资建设集奶牛养殖、奶制品加工、亲子娱乐等为一体的2000余亩生态休闲牧场；以优美的自然人文景观为基础，发展乡村旅游，建成农家乐15家，农家旅馆30家；开发金刺梨赏花节、采果节，以及赏荷花、"浑水摸鱼"等旅游项目。

3. 落实帮扶政策，促进收入倾斜

严格执行贫困户帮扶政策。在组织帮扶方面，2017年年底至2018年年底，在市、区、镇党委政府的支持下，大坝村入驻帮扶干部共20名，包括贫困户包保干部10名（含党员突击队员2名）和连心干部10名，共计帮扶贫困户56户205人，实现贫困户包保全覆盖。帮扶干部积极走访贫困户，因户制宜地制订帮扶计划，落实惠民政策，仅2018年便共计落实帮扶资金30余万元，帮助贫困户解决各类问题和困难10余件。在民生保障方面，2017年至2019年，全村享受低保人员共计51户110人，其中建档立卡贫困人口37户80人；享受"五保"人员为1户1人；全村共有残疾人口31人，领取补助金的共计5人，其中建档立卡贫困人口3人；18名80岁以上老人享受了高龄补贴，其中建档立卡贫困人口1人。在教育保障方面，2018年全村建档立卡贫困人口在

校生共30户62人，其中3名学生九年义务教育不在西秀区教育范围内，通过帮扶干部的对接对九年义务教育不在西秀区教育范围内的3名学生进行义务教育资助；剩余59人中有56人处于义务教育阶段并均享受资助政策，共计发放资助金18余万元，全村无因贫辍学的情况发生。在医疗保障方面，全村新农合参保率为94%，贫困户参保率为100%。56户贫困户完成了家庭医生签约，贫困户看病就医享受健康医疗救助保障。

优先保障贫困户赋能增收。在就业帮扶方面，大坝村依托产业优势，优先为符合岗位需求的贫困户安排工作，确保有工作意愿的在村贫困劳动力实现100%就业。贵州大兴延年果酒有限责任公司果酒加工厂为40余名农村劳动力提供工作岗位，其中贫困人口3人；蚂蚱养殖合作社为6名贫困人口提供就业岗位，人均工资达3000元/月；肉牛养殖场接纳1名贫困人口就业。此外，大坝村设置"一村七岗"和其他公益性岗位2个，解决群众就业15人，其中贫困人口9人，人均工资达800元/月以上；开发公益岗位优先保障贫困户就业，每个岗位实现年增收3000元。在资金帮扶方面，2015年以来，全村共落实扶贫小额信贷50万元，惠及贫困户9户，贷款主要用于发展种植业和养殖业，帮助群众增收致富。在股份分红方面，充分运用大坝金刺梨产业"235"和"136"利益分配机制，其中非贫困户按照"235"利益分配机制享受分红，即20%用于发展村集体经济，30%用于购买原料和人工费等开销，50%分给农户；贫困户按照"136"利益分配机制享受分红，即10%用于发展村集体经济，30%用于购买原料和人工费等开销，60%分给贫困农户。该利益分配机制不断激励村民提升金刺梨产业基地建设和产品质量，进而提高村民收入，确保全村贫困人口如期脱贫。

4. 加强扶贫宣传，健全村规民约，营造积极脱贫氛围

大坝村组织村干部、驻村工作组、包保责任人、顾问团等全力开展脱贫攻坚"大宣传"。以村民小组为单位，组织召开脱贫攻坚动员会、评议会、扶贫政策宣传会、院坝会等，帮助群众算清收入账；利用村村通小广播、宣传栏、公示栏、文艺宣传等多种形式加大脱贫攻坚政策的宣传，提高群众对扶贫政策的知晓率。2018年，共计召开院坝会、村民小组会、群众会、党员会、妇女代表会等30余次，参与群众2000余人次，取得良好的宣传效果。大坝村不断建立健全村规民约，进一步强化村级社会管理，建立和弘扬良好的社会道德风尚，引领贫困群众去惰性、消怨气、树志气，激发内生发展动力。同时，大坝村还坚持开办新时代农民讲习所，每月开展集中学习3次，2018年共计开展集中学习30余次，全年接待万余名来自全国各地的基层党组织书记、致富带头人到大坝村学习产业发展和党建工作，开展宣讲达50余场次。

三、脱贫攻坚成效

在党和国家各项脱贫攻坚政策扶持和全村坚持不懈的奋斗下，大坝村在2015年到2018年间，贫困户收入水平得到大幅度提高，贫困发生率由12.77%下降到1.49%。全村基础建设、村容村貌和村民精神风貌发生巨大变化，大坝村由此成为远近闻名的小康村。

（一）收入实现增量提质

在村支两委带领下，全体村民团结奋斗、抱团发展，大坝村脱贫攻坚取得了显著成效。全村贫困户人均可支配收入由2015年的5000元增长到2018年的8000元，涨幅高达60%，其中生产经营性收入由1500元增长到2000元，工资性收入从3000元增长到5000元，增幅均较大；转移性收入由200元增加到400元，财产性收入由300元增加到600元。依靠农户自身努力获取的收入占比高，收入可持续性较强，收入结构逐步优化。此外，大坝村的村集体经济从2015年的100余万元增长到2018年的350余万元，群众的获得感、幸福感、满意度和认可度不断增强。

（二）基础配套现代化，生活环境田园化

大坝村坚持以科学规划引领建设发展的理念，先后规划了"村庄别墅区、产业发展区、集中办公区、群众休闲区"四大功能区域和"种植区、养殖区、深加工区、旅游产业区"4大产业板块。截至2018年年底，全村已建成别墅131栋，建设以"路水电气讯"为重点的基础设施体系，建成通组路15公里、产业路13公里，改造电网10公里，治理山塘2万立方米，通组路、联户路、安全饮水、供电、通讯信号实现全覆盖。经过多年的耕耘，大坝村走上了风景优美、村庄整洁、设施完善、生态宜居的现代化乡村发展之路。2016年至2019年年底，大坝村党支部荣获中共中央表彰的全国先进基层党组织，先后荣获中央文明委"全国文明村镇"、中国美丽休闲乡村、全国一村一品示范村、中宣部"农村综合文化服务中心示范点"、全国生态文化村、全国乡村治理示范村，贵州省"省级文明村"、贵州省"四在农家·美丽乡村"

示范村多项荣誉称号。

（三）形成较为完善的公共服务体系

为了更好地服务于村民，提供便捷舒服的休闲娱乐场所，满足广大村民的生活需求，大坝村新建了功能齐全的村级服务大楼，通过实施"七个一"工程建成了文化广场、文化健身器材、广播健身器材、戏台、宣传栏、篮球场、文化活动室和乒乓球台等一批公共场所，完成了村庄的硬化、绿化、亮化、美化工程，实施了村庄绿化提升行动，绿化道路1.5万平方米，改善了村内生态环境。大坝村也由过去"脏乱差"的"空壳村"转变为生态宜居的小康村。

（四）具备较强的村级治理能力

大坝村在乡村发展和村务治理实践中，逐步探索出以党支部领导为核心，以村民委员会、村务监督委员会为依托，以群众自治为基础，以企业、群团组织参与为补充的乡村治理体系。大坝村充分树立和发挥党员带头模范效应，实行重大事项集体决策机制，制定了通俗易懂的《大坝村村民"二三四"公约》，通过实施多项产业措施极大促进了产业发展，2019年的村集体经济收入达360余万元，村级治理能力大幅提升。

（五）村庄活力和村民素质极大提升

大坝村依托文化组织和文化阵地，利用端午节、农历四月八、重阳节等传统节日，积极开展丰富多彩的文化活动，先后举办了屯堡山歌大赛、地戏邀请赛、屯堡文化汇等文化活动，承办了贵州安顺屯堡摄影大展、西秀区青年联谊会等大型活动。这些活动不断吸引大量的游客前来观光休闲、避暑旅游，为村民带来经济收入的同时，还丰富了村民的精神文化生活，提高了村民的文明素养。在提升家庭和个人文明方面，大坝村先后开展了文明家庭、好人好事评选活动，定期表扬助人为乐、遵守村规民约的村民；开展"道德讲堂"活动，邀请全国最美家庭肖兴英等各类道德模范到大坝村向村民开展爱国、爱党教育；坚持"以身边人说身边事，以身边理教育身边人"，根据受教育对象不同，设立了先贤榜、乡贤榜、积德榜"三榜"，不断引领全村开展精神文明建设，践行社会主义核心价值观，积极传递社会正能量。大坝村也由此荣获中央文明委"全国文明村"、中宣部"农村综合文化服务中心示范点"、贵州省"省级文明村"、贵州省"四在农家·美丽乡村"示范村多项荣誉称号。

四、脱贫攻坚典型经验

大坝村多年的发展路径，生动地诠释了"不忘初心、牢记使命"的思想精髓和"撸起袖子加油干"的实践力量，充分发挥国家政策的作用，抓住党建促发展的机遇，村两委始终关切村民的诉求、肩负党和国家的期待，坚定产业致富目标，做好村庄发展规划，盘活外部政策资源和内部劳动力资源，以一二三产业融合为抓手，真正实现贫困村向小康村转变。

（一）因地制宜，规划先行，着眼长远发展

大坝村的蜕变充分说明了长远规划是发展的灵魂。在产业发

展、村庄规划和乡村治理上取得的巨大成绩均离不开大坝村深谋远虑的眼光和气魄。在产业选择上,大坝村经过多次的尝试和总结,最终选择了金刺梨这一金果果。金刺梨既适合当地气候和土壤的生长条件,具备技术易得性,还具有极强的市场潜力。在经过两年的试种和推广后,全村种植金刺梨面积达5000余亩,迅速实现了规模化生产和批量销售。在市场策略上,大坝村没有局限于眼前利益,而是着眼于长远发展。2012年金刺梨价格在20—30元/公斤,属于金刺梨市场的春天。但是大坝村着眼长远,趁市场反响强烈之机将价值近300万元的刺梨果以品尝采摘、旅游观光的方式吸引了大量的政企单位和游客,为大坝村树立了良好口碑和品牌价值。在村庄规划上,大坝村在发展基础薄弱时便注重功能区规划,制定了"科学规划、统一建设、超前发展、群众自愿、量力而行"和"节约土地,保护基本农田"的建设思路,按照拆旧建新、逐年推进的原则,拟拆掉原大坝村158户破旧老房,每家新建一栋300平方米以上的别墅。大坝村第一批别墅群一经建成便引起了巨大的社会反响。从事后经验来看,大坝村最初规划"村庄别墅区、产业发展区、集中办公区、群众休闲区"四大功能区以及为全村建别墅的系列超前决定,既为大坝村带来了经济效益、社会效益和样板价值,也及时抢占了国家实施宅基地规划建设政策的红利,赢得了外部资源的众多支持,同时在国家脱贫攻坚和乡村振兴战略下,为村庄发展抓住了历史机遇。在产业布局上,大坝村没有止步于金刺梨果的初级价值和经济效益,而是不断深耕专研,邀请专家改善刺梨品种,打造金刺梨品牌价值。同时,为了金刺梨产业的持续发展和价值挖掘,大坝村建立了果干加工厂和西南地区最大的果酒加工厂——贵州大兴延年果酒有限责任公司果酒加工厂，并借助金刺梨果的产业影响力发展蚂蚱养殖加工、观光园、农家乐、民宿、游乐园等第二、三产业，提升服务业发展水平。

（二）科学管理，注重参与，充分发挥村民自主价值

大坝村始终坚定产业致富的目标和坚持凝聚民心的基础。针对发展过程中民心动摇、产业效益不佳等致命困难，大坝村村两委注重科学施策，加强村民参与，激发内生动力，进而实现大坝村的全面发展。在村庄治理上，大坝村充分发挥村民的参与权、决策权和知情权，逐步探索出以党支部的领导为核心，以村民委员会、村务监督委员会为依托，以企业、群团组织参与为补充，以群众自治为基础的乡村治理体系。仅2018年，大坝村共计召开院坝会、村民小组会、群众会、党员会、妇女代表会等会议30余次，在村人数综合参会率达95%以上。对土地流转、项目建设、产业发展等重大事项实行集体决策机制，召开全体党员会议、村民代表大会、全体村民大会进行民主投票决策。通过选好配强村支两委班子，规范党员管理，推进党务公开和村务公开，充分发挥党支部的核心作用和党员的先锋模范作用。在产业发展上，由于全村95%左右的土地流转到村集体，村民以务工形式参与劳作，未能积极参与金刺梨的经营管理，导致金刺梨产量下降50%左右，质量参差不齐，市场反响不佳，金刺梨产业遇到管理和效益危机。为此，大坝村及时调整经营策略，针对"吃大锅饭、与己无关"的思想，采取返租倒包的方式，将经营权承包到有能力、有意愿的农户，以经营自理、风险自担、统一保底收购的方式加强农户参与感、激活农户积极性、消除农户后顾之忧。对为数不多的单纯务工农户，采取统一的经营管理标准，规范程序，奖惩结合，保证刺梨产业的健康发展。

五、小结和讨论

（一）成效小结

乡村建设和发展是历年国家一号文件关注的核心，在积极的宏观语境下，农村发展有众多的政策利好。但细化到单个村庄发展的层面，在有限的政治、经济和社会资源环境中，能否较好发挥政策支持的价值，并运用到村庄发展具体路径中，将政策资源进行有效的转化与结合，则是具有较高研究和实践价值的课题。大坝村的实践为这个课题提交了一份满意的答卷。

一是产业规划清晰明确。产业不能限于有，要致于优。产业发展决定脱贫攻坚成果巩固的质量，也是实现与乡村振兴衔接的基础。但当前精准脱贫战略下的产业发展迫于脱贫要求和现实收益的需要，难以兼顾长远目标和技术、市场前景，产品同质性强，市场竞争力差。在积极寻求发展机会的过程中，大坝村挖掘出传统刺梨果的现代价值，通过调研明确初步规划，积极争取政策资源，在土地规划、产业道路、技术信息和销售渠道上与外部广泛对接。在成果初显之时，大坝村不局限于眼前利益，而是借观光旅游拓展经济资本，借乡村独特价值积累社会资本，以"大坝村"这一无形的品牌价值替代刺梨果这一有形的产品价值，终究走出了一条良性的发展道路

二是持续学习解决困难。大坝村发展过程中的重要转折点与村委会坚持学习有密切关系。首先是加强岗位学习。提前谋划村

庄规划是大坝村发展最关键的一步，大坝村书记曾前往华西村学习当地村庄发展思路，在学习过程中，边思考边与华西村书记认真探讨村庄规划，为大坝村的规划积累了成功经验。其次是加强专业技能实习。在大坝村刺梨产业发展过程中，曾因为技术和管理的问题，金刺梨果树遭遇病害、产量骤降，村委会积极研究对策，与农技站仔细研究技术问题，与相关领导专家探寻解决管理问题，由此实现了技术和管理的双突破。此外，驻村第一书记丁凯针对蚂蚱产业去粪便难题，利用网络和农技帮扶等资源自主突破技术瓶颈，为大坝村节省了300余万元的设备和技术支持费用。最后是持续学习扩宽视野。持续学习，不禁锢、不自满不仅是保持基层组织正确发展方向的指南针，也是发展能力的保鲜剂。大坝村书记不会电脑，无法运用互联网，但依然利用传统落后的DVD、央视农业频道等观看各种基层管理、产业发展和村庄管理的视频资料，保持发展思维的先进性。

（二）大坝村发展的未竟之路

大坝村经过多年的努力，由人人避之不及的穷乡僻壤转变为人人赞叹不已的发展典范。在别墅林立、产业兴旺的成绩背后，是大坝村全体村民艰苦奋斗、积极进取的历史，是宏观政策在落后村庄落地开花的生动写照。同时，也应该看到大坝村在发展过程中的艰难和未来走向乡村振兴所肩负的重任。正如陈大兴书记所述，大坝村的发展道路才刚刚走上正轨。在产业发展上，大坝村初步形成以金刺梨为核心的一二三产业相融合的发展格局，但高质量的经营管理、品质提升和附加值延伸是今后必须突破的重要任务和难题。在村庄建设上，大坝村别墅建设数量仅有141栋，不到全村 366 户的一半，距离"家家住别墅"的目标仍有很大差距，大坝村将进一步因地制宜规范村庄建设和有效治理。在精神风貌上，部分群众依然存在"等、靠、要"思想，内生动力不强，生产经营能力低下，缺乏致富能力和发展门路。这些任务和难题需要在长期实践中探索解决思路，需要跟随国家乡村振兴的步伐，不断挖掘大坝村的力量和智慧。

（本案例执笔人：罗聪）

案例点评

国务院印发的《关于促进乡村产业振兴的指导意见》（国发〔2019〕12号）指出，乡村产业根植于县域，既是解决农村一切问题的前提，更是提升农业、繁荣农村、富裕农民的产业；但乡村产业存在产业门类不全、产业链条较短、要素活力不足和质量效益不高等问题。大坝村在产业发展初期也遭遇要素活力不足和质量效益不高等发展困境。经过多年探索，大坝村发展出育种、观光、蚂蚱、农家乐、乡村游等多元化产业类型，形成集原料生产与加工于一体的产业链，激活村内资源要素的同时，也提高了产业发展效益。在发展多元产业形态上，大坝村在金刺梨种植业逐渐发展壮大、引来较好市场反响之际，没有局限于眼前经济利益，而是进行长远规划，将价值近300万元的刺梨果用于品尝采摘、旅游观光，吸引政企单位和散客前来游玩，既为大坝村金刺梨产业树立了良好口碑和品牌价值，又顺势发展起旅游观光和果酒加工业。在提高产业发展质量上，大坝村针对村民以务工形式参与产业发展的"大锅饭式"劳作造成的经营管理不到位问题，采取返租倒包的方式，将刺梨产业的经营权交给有能力、有意愿的农户，并采取统一的经营管理标准，激发了村民的主体作用和管理热情，推动了刺梨产业的健康发展。简言之，大坝村的成功在于以长远规划和科学管理引领产业发展，坚持市场导向，充分发挥农户的主体作用。

（点评人：陆汉文，华中师范大学教授；梁爱有，华中师范大学）

第三章

箐口村：
村庄组织化和有效治理

箐口村位于贵州省大方县西部，属于喀斯特地貌，全村总面积 8.8 平方公里，距县城 52 公里、乡镇 8.6 公里，是原省定贫困村。2019 年 9 月华中师范大学调研组深入大方县箐口村开展贫困村脱贫出列典型案例经验总结工作，在收集定量与定性资料的基础上完成此报告。

一、脱贫攻坚战基期村内情况

（一）贫困人口多，发展资源不足

箐口村下辖黄家寨组、大炉沟组、小丫口组、箐口组、下寨组、麻窝组、火石坡组和大田边组 8 个村民组。2015 年全村共有公安户籍人口 439 户 1522 人，其中劳动力人数为 1086 人，常住人口为 398 户 1194 人，贫困人口为 232 户 912 人，低保人口为 72 户 167 人。在资源方面，2015 年全村耕地面积为 3620 亩，其中无有效灌溉面积，林地面积为 3526 亩，无牧草地和养殖水面。由此可见，箐口村贫困人口多、发展资源匮乏的矛盾十分突出。

（二）基础设施与公共服务不完善

2015 年，箐口村未通硬化水泥路，无客运班车，未全部通生产用电、电话、有线电视信号和宽带等生产生活基础设施，未实现饮用水集中净化，无自然村组实现卫生厕所全覆盖。在公共服务方面，村内仅有 1 个村卫生站和 1 名全科医生，无文化活动室，无幼儿园，有义务教育阶段辍学学生。

（三）以种植和外出务工为主要生活来源

长期以来，箐口村受地理环境影响，村内农户靠种植玉米和土豆为生，由于水源缺乏和交通闭塞，导致农业产业化发展滞后，农户收入较低。据统计，2015 年，村内贫困户人均生产经营性净收入为 1600 元，占贫困户人均可支配收入的 47.06%。2015 年前，村内既无农民专业合作社和企业，也无创业致富带头人，村内务工机会少，大量青壮年劳动力不得不选择外出务工。工资性收入也因此成为贫困户主要收入来源。2015 年，该村贫困户人均工资性收入为 1700 元，占贫困户人均可支配收入的 50%。

（四）贫困发生率高

2015 年，箐口村共有贫困户 232 户 912 人，贫困发生率为 59.92%。地理和资源因素既是限制箐口村经济社会发展的重要原因，更是导致箐口村贫困发生率较高的重要因素。一方面，箐口村属于典型的喀斯特地貌，村内多山地，交通落后，村民靠传统种植业和外出务工获取的收入较低。另一方面，箐口村缺乏水源，农户用水不便。据统计，2015 年，村内饮用水不安全的贫困户为 110 户，无贫困户使用自来水。脱贫攻坚之前，箐口村村内基础设施和公共服务不完善，农户生活质量较低，贫困发生率高。

二、脱贫攻坚资金投入与发展措施

(一)资金投入状况

针对箐口村在脱贫攻坚基期所面临的困难,各级政府投入大量资金帮助箐口村改善贫困面貌。据统计,2016 年至 2018 年当地共计投入脱贫攻坚财政扶贫资金 364.5 万元。在县级财政扶贫资金方面,大方县扶贫办投入 10 万元用于该村养蜂产业扶贫项目,养殖中华蜂 125 箱,带动贫困户 47 户;投入 40 万元种植白花前胡中药材 400 亩,带动贫困户 31 户;投入 72 万元种植 400 亩猕猴桃,每亩补助贫困农户 1800 元,带动贫困户 94 户;分别投入 62.5 万元和 60 万元用于修建机耕道 1.789 公里和猕猴桃采摘步道 6 公里;投入 40 万元用于壮大村集体经济,每年滚动带动贫困户 20 户。在市级财政扶贫资金方面,毕节市扶贫办投入 50 万元用于贫困农户生猪养殖项目,每头猪补助贫困户 800 元,每只土鸡补助贫困农户 10 元,总计带动贫困户 171 户。在省级财政扶贫资金方面,贵州省投入 30 万元专项扶贫资金(水果发展专项),用于种植猕猴桃 100 亩,带动贫困户 21 户。

(二)多措并举助推脱贫攻坚

除了资金上的投入外,当地各级政府实施了多项帮扶措施助推箐口村摆脱贫困状态,主要包括加强基础设施、发展教育、发展产业、引进人才、培育内生动力、推进乡风文明建设和加强村民自治等方面。

1. 完善基础设施

针对箐口村基础设施薄弱的问题,当地加大安全饮水、交通、通讯和用电等方面的修建和完善力度。在安全饮水方面，当地对8个村民小组462户1590人进行安全饮水提升改造工程，安全饮水达到全覆盖，其中包括建档立卡贫困户229户930人。在交通方面，当地修建宽6.5米的通村油路6公里，实施通组水泥路13.71公里，联户路4.7公里，村内公路硬化率达100%。在通讯和用电方面，箐口村所有村民组均已实现有线宽带和4G网络信号全覆盖，全面完成农网改造和小康电改造工程，所有农户在安全用电方面得到强有力的保障。

2. 提升教学服务水平

教育是阻断贫困代际传递的根本途径。脱贫攻坚前，箐口村无幼儿园，小学教学设施差，乡村教师队伍不健全。更为严重的是，由于不具备各方面办学条件，箐口小学曾多次被迫停办。为了发展教育，帮助贫困学生顺利完成学业，脱贫攻坚以来，大方县教育局先后划拨400多万元用于建设箐口小学。新建的箐口小学总建筑面积1295.61平方米，其中包括教学楼、学生食堂和厕所，2018年8月全部投入使用。在教学规模方面，箐口小学有教室6间，教师7人，学生184人；在教学设施方面，学校设有图书室、计算机室、广播室、党员活动室、音乐室、实验室、舞蹈室、书画室。除了新建小学，当地还投入12万元建设大方县第一个深度贫困山村幼儿园——箐口幼儿园，该幼儿园已于2018年8月开始投入使用，园内有2名教师，58名学生。

3. 大力发展产业

为了发展产业，箐口村村两委成立村集体性质的贵州聚合同步生态农业发展有限公司，村主任担任总经理，村支书担任副总经理，村集体公司设有监督委员会，由监督委员会监督公司发展，村党支部引领公司发展。村集体公司主要从事农、林、牧等产品的生产、加工和销售等工作，并负责建筑业、园艺、育苗和引进新品种新技术等。村集体公司下设工程队、运输队、市场营销队和劳务派遣中心，其中村集体公司负责争取项目，工程队负责整合本村资源，农户提供施工工具。在利益分配方面，村集体公司将收益的70%分配给提供挖掘机或运输车辆的农户，剩余30%的利润归村集体公司所有。村集体公司将净利润的10%留存于村集体账户，剩下的利润用于股东分红。

箐口村依据8个村民小组的资源禀赋成立8个农民专业合作社（如表3-1所示），分为分散型合作社和紧密型合作社两大类。所有合作社均纳入村集体公司统一管理，形成以公司为主体、专业合作社为依托的组织架构。在分散型合作社中，以新梦想专业合作社为例，有劳动力的农户以土地入社合作，农户在自家土地上种植经果林和蔬菜，合作社负责统一协调规划和管理，并提供技术培训，村集体公司负责销售，最后给农户分配利润；无劳动力的农户以400元/亩的标准将土地折价入股合作社，同时用扶贫资金量化给贫困户入股合作社种植猕猴桃，农户按占股比例分成。在紧密型的合作社中，以乡情浓合作社为例，贫困户既可按照350元/亩的标准将土地折价入股合作社，也可用资金入股合作社，利润按股权分配。农户在合作社的指导下自行种植，长效产业由公司和合作社统一规划布置，并提供种苗、培训和技术指导，统一销售，分配利润；短效连片产业由公司征求农户意见基础上提供种子补助并选择产品种植，分散产业由农户自行选择种植，短效产业的全部收益归农户。

表 3-1　箐口村合作社发展状况表

合作社类型	合作社名称	产业	贫困户参与数量
分散型合作社	新梦想专业合作社	种植猕猴桃	67
	农科专业合作社	种植樱桃	52
	兴梦圆专业合作社	种植樱桃	16
	祥梅合作社	养鸡	33
	追梦合作社	种植枇杷	33
	富元鹏合作社	种植李子	9
紧密型合作社	富家养殖合作社	养蜂	47
	乡情浓合作社	种植李子	31

4. 引进乡村治理人才

选好"领头羊"是村庄发展的重要一环。ZL 是箐口村优秀大学生。求学期间，村内农户对 ZL 有一定的帮助，大学毕业后，ZL 一直牵挂着家乡的发展。当地领导和村干部了解到 ZL 的基本情况后，认为 ZL 是乡村治理的合适人才，便动员 ZL 回乡发展。在当地领导的动员下和 ZL "反哺"家乡的强烈愿望下，ZL 最终决定回乡发展，带领村内农户脱贫致富。据统计，ZL 回乡后带领村内 32 户贫困户种植猕猴桃 270 亩，2017 年投产，户均受益 5600 元。2017 年，ZL 以高票当选新一届村委会主任。当选村委会主任后，ZL 充分发挥自身才能，在箐口村干部作风、产业发展、群众动员、村民自治、农户增收等方面发挥了巨大作用。随着箐口村的发展变化以及当地干部的动员，外出务工的青壮年劳动力看到了家乡发展的希望，纷纷回乡发展。外出务工的青壮年劳动力返乡后加入村集体公司或合作社，充分发挥了自身的劳动力和技术优势，为箐口村的发展增添了许多活力。

农户 XJ 说:"我回乡已经有几年了,以前是在浙江打工,当时我是看到家乡变化挺大的,我就回来了,现在我们村发展好了,不比外面差,我在村工程队打工,一个月 3000—4000 元,家里种了十多亩李子,还种了土豆和红豆,去年(2018 年)卖了 1 万元左右,我在村里不仅可以打工赚钱而且可以照顾家人,这很好啊!"(XJ,访于 2019 年 9 月 21 日)

5. 培育内生动力

脱贫攻坚以来,箐口村为了培育村民内生动力和提升村民思想觉悟,创办了"新时代农民讲习所"。该讲习所为政策宣讲、思想教育和技术培训搭建了重要平台。一方面,作为合作社社员,村民在自家土地上种植长效产业和短效产业,按照"多劳多得、少劳少得、不劳不得"的原则获取收益,激发了农户的劳动积极性。另一方面,箐口村聘请农技人员、致富能手、政工干部、合作社负责人、高校专家等人才到讲习所为村民讲政策、教技术、传观念。2017 年 4 月至 2019 年年底,箐口村已邀请村内及周边乡村种养殖"土专家"和贵阳经济贸易学院教师到村内授课 28 次,培训 42 期,培训党员群众 6900 余人次。

农户 ZYQ 说:"我去参加村里组织的培训活动了,他们教的(内容)有很多,比如帮我们讲解政策,教我们怎么种植(经果林),还有如何带小孩(家政)等。我在那里培训了半个月,自己没有花钱,而且每天可以领到 50 元补助金,他们教的内容挺管用的,现在村里基本没有闲在家的年轻人了,大家都在想办法赚钱。"(ZYQ,访于 2019 年 9 月 25 日)

6. 乡风文明建设

（1）整治滥办酒席

为了有效遏制箐口村滥办酒席的陋习，减轻农户生活负担，当地在2017年开始整治滥办酒席现象。箐口村成立红白喜事理事会和服务队，设酒宴理事会成员5名，下设常务理事8名，每个村民小组各选出1人担任常务理事，并设服务队成员10名。具体规定如下：村民直系亲人去世，须在逝者死亡后立即向村老年协会申报，酒席规模控制在50桌以内；村民接亲嫁女（二婚除外）须办酒席的，至少提前一周向理事会申报，酒席规模控制在40桌以内；红喜规定办席时间为1天，白喜一般规定3—5天，由理事会指定厨师4—5人提供服务，并免费提供餐厨具；凡红喜酒席超过40桌、白喜酒席超过50桌，由操办酒席方按每桌20元交纳服务费，红喜超过1天、白喜超过5天，服务费由操办方全部负责。除规定的酒席可办理外，诸如搬家、过寿、状元酒等一律不准操办。

村主任ZL说："以前村里滥办酒席现象很严重，农户负担很重，现在村里农户之间所随礼金不能超过100元，如遇到老人逝世，年轻人（非直系亲属）白天不可以一直守丧，下班后可以过去，通过整治滥办酒席，既减轻了农户负担，也有助于乡风文明的改善。"（ZL，访于2019年9月24日）

（2）开办道德积分超市

为了使村民自觉遵守村规民约和爱护村庄卫生环境，箐口村按照村民出一元、集体给一元、政府补一元的"三元模式"筹集资金，所筹资金用于乡村卫生治理评比的奖励，如采购道德积分超市的兑换商品。道德积分超市的评比内容有遵纪守法、尊老爱幼、勤劳致富、家庭卫生和移风易俗五大项，每一项分值均为20分，满分为100分，其中移风易俗包括孝敬父母、参加社会公益、文体活动、公民义务等内容。村民在评比活动中获取对应的道德积分。道德积分超市每月统一兑换一次礼品，60分以上的农户可自愿选择相应积分的商品进行兑换。通过积分评比，农户有更强烈的动力按照评比指标倡导的内容规范自身行为，推动村庄乡风文明建设。

7. 加强村民自治

脱贫攻坚以前，箐口村农户处于分散状态，村庄各项治理工作难以推进。为了将农户组织起来，统一管理，加强村民自治，箐口村组建了"村民自强联合体"。箐口村在各个村民小组成立"村民自强联合体"，每个"村民自强联合体"最低户数为10户。被组织起来的农户投票选举产生户长，由户长带领该村民小组的"村民自强联合体"开展相关村务工作，即农户将需要帮助的事宜报告给户长，由户长告知村民小组长，村民小组长上报村委会。这种管理方式极大提高了村庄治理效率。首先，在"村民自强联合体"之间进行卫生治理比赛，有助于美化村庄卫生环境；其次，通过加强村民自治，农户的小事不出"村民自强联合体"，大事不出村小组，难事不出村委会；最后，"村民自强联合体"有助于营造村民互帮互助、抱团发展的乡村氛围，强化村庄治理力量。

三、脱贫攻坚成效

脱贫攻坚以来，通过当地各级政府精准投入资金、实施具体帮扶措施以及村民自身的努力奋斗，箐口村的贫困状况得到缓解。据统计，截至2018年年底，箐口村的贫困发生率降至1.57%。

（一）收入大幅提高

2018年年底，箐口村贫困户人均可支配收入达到9477元，比2015年增加6077元，涨幅为178.74%。其中，生产经营性净收入从2015年人均1600元增至2018年人均4437元，涨幅为177.31%，这主要得益于村内年轻人回乡后，长效种植（经果林）和短期种植（蔬菜类）产生了显著的效益；工资性收入从2015年人均1700元增至2018年人均3040元，涨幅为78.82%，这主要得益于农户在村集体公司的建筑队和工程队务工获取收入，以及贫困户在公益性岗位所获得的收入——箐口村有36人做公益岗位，其中护林员5名，工资为800元/月，护路员31名，工资为500元/月；转移性收入从2015年人均60元增至2018年人均1920元，涨幅为3100%，这主要归功于退耕还林补贴、低保等补助政策；财产性收入从2015年人均40元增至2015年人均80元，涨幅为100%，这主要得益于享受易地扶贫搬迁政策的农户有了门面和大棚，将门面和大棚出租进而获取租金（见表3-2）。

表3-2 贫困户收入及构成情况表（元/人）

观测指标	2015年	2018年	涨幅
人均可支配收入	3400	9477	178.74%
其中生产经营性净收入	1600	4437	177.31%
工资性收入	1700	3040	78.82%
转移性收入	60	1920	3100.00%
财产性收入	40	80	100.00%

（二）基础设施和公共服务逐步完善

脱贫攻坚以来，箐口村在安全饮水、交通、通讯、文体设施、小学、幼儿园和村卫生站等方面加大建设力度，基础设施和公共服务改善效果显著（如表3-3所示）。截至2018年年底，箐口村解决了饮水安全问题，全村饮水安全实现全覆盖；8个村民小组均通公路，通组路以及联户路均已修建完毕，村内公路硬化率达到100%，且实现了通客运班车；8个村小组均通生产生活用电、电话、有线电视信号和宽带；卫生厕所改造工程稳步推进，当地已经有5个村民小组实现卫生厕所全覆盖。

在医疗方面，2019年全村共有1589人参加农村合作医疗保险，缴费参保率达98.65%，其中建档立卡贫困户缴费参保率达100%；2018年以来，贫困人口住院费报销比例每人次均达到90%，对患大病住院的贫困家庭实施了及时有效的医疗救助。在教育方面，村内目前有1个幼儿园和1个小学；在教育观念方面，全村无义务教育阶段辍学学生，实现教育脱贫56户261人。

表3-3 箐口村基础设施与公共服务发展情况表

观测指标	单位	2015年	2018年
通公路自然村个数	个	0	8
主干道路面经过硬化处理的自然村个数	个	0	8
通生产用电的自然村个数	个	0	8
通电话的自然村个数	个	0	8
通有线电视信号的自然村个数	个	0	8
通宽带的自然村个数	个	0	8
饮用水经过集中净化处理自然村个数	个	0	8
实现卫生厕所全覆盖的自然村个数	个	0	5
本村是否有卫生文化活动室	—	否	是
本村有几个卫生站（室）	个	1	2
村卫生室全科医生数量	人	1	2
本村有几个幼儿园	个	0	1
本村是否通客运班车	—	否	是

（三）村级治理能力显著提升

在村集体经济收入方面，箐口村通过成立村集体公司和8个专业合作社，盘活了当地资源，村集体经济收入在2018年达到6万元，大部分合作社种植的经果林预计在2020年产生效益，届时，村集体收入和农户收入将会进一步提高。在管理机制方面，箐口村将党小组建在村民小组和产业链上，选举有能力、有愿意为老百姓做事以及群众满意的村民作为村民小组长或合作社负责人，推动能人变党员，党员变能人；通过"村民自强联合体"以及老年人协会、爱家协会、留守儿童协会等多种协会实现村庄组织化管理，提升了管理效率和管理质量。在村民参与方面，村内农户除了参与合作社开展经济活动外，参与村民大会或村民代表大会的次数也有所增加。据统计，2018年箐口村召开村民大会或村民代表大会的次数为34，较2015年的12次增加22次，涨幅达183.33%（见表3-4）。在村民参与过程中，村干部的治理能力既得到提升，村干部、党员、村能人、普通村民、贫困户之间的关系也更加融洽。

表3-4 村级治理能力情况表

观测指标	单位	2015年	2018年
本村年内召开村民大会或村民代表大会的次数	次	12	34
本村创业致富带头人	人	0	22
本村党员数量	人	17	22
村集体经济收入	万元	0	6

（四）内生动力和乡风文明改善显著

在内生动力方面，箐口村通过新时代农民讲习所开展政策宣讲、技能培训、教育农户等活动，加深了农户对政策的理解和掌握，提升了农户的劳动技能，进一步激发了农户脱贫致富的信心和决心。在乡风文明方面，当地通过"村民自强联合体"治理模式、"道德积分超市"激励机制和红白理事会管理制度，乡风文明效果改善显著。据统计，2018年村内婚宴平均支出在5000元至8000元之间，葬礼平均支出在8000元左右；2018年箐口村有清晰明确的村规民约，社会治安良好，无打架斗殴、赌博、偷盗、抢劫事件，无判刑、接受治安处罚和上访的村民（见表3-5）。

表3-5 乡风文明情况表

观测指标	单位	2015年	2018年
打架斗殴事件	次	2	0
接受治安处罚人数	人	1	0
当地人情往来年度支出	元	300	600
村内是否有红白理事会	-	否	是

四、脱贫攻坚典型经验

（一）村庄组织化发展

脱贫攻坚之前，箐口村农户处于"分散"状态，主要以单家独户的形式开展生产经营活动，加上自然和地理条件的限制，农户之间的联系比较松散。在这种状况下，农户的种养殖业难以形成规模化经营，单个农户无法解决规模化经营的困境。更为严重的是，小农户由于自身的脆弱性很难适应市场经济的发展，无法通过市场经济获得等价交换产生的收益。脱贫攻坚以来，当地为了解决上述问题，通过各类组织助推箐口村走上了组织化发展道路。

1. 以党建引领村庄稳步发展

箐口村在脱贫攻坚过程中非常重视党建工作。一方面,箐口村将党小组建立在村民小组上,有3名以上党员的村民小组单独建立党小组,不足3名党员的村民小组联合建立党小组,村民小组既隶属于村党组织也受党小组的管理。当地选举有能力、有愿意做事和群众满意的村民作为村民小组长,将具有党员身份的村民小组长选为党小组长,进而将村务和党务有效融合。另一方面,当地将党小组建立在产业链上,箐口村集体公司和8个合作社都由村党组织引领和监管。在这种管理机制下,既有利于推动党员变能人、能人变党员,解决村内党员老龄化问题,壮大党组织力量,还有利于将党组织延伸到各个分散的村民小组中,加强群众与党组织的沟通与交流,提升村党组织的管理效率。

2. 以村民自治组织提高管理效率

针对村内农户分散、自身发展能力不高、村庄管理效率低的问题,箐口村通过"村民自强联合体"将农户组织起来,由村民选出"村民自强联合体"的户长,户长带领"村民自强联合体"开展工作,负责所管辖农户的日常事务,由此形成"农户—户长—村民小组长(党小组长)—村委会(村党支部)"的管理机制。一方面,这种网格化垂直管理体系较好地解决了当地村民居住分散产生的管理难题,缩短了村干部服务群众的距离,有利于提升管理质量和管理效率。另一方面,"村民自强联合体"给农户提供了村民自治的平台,农户既可以通过该组织维护自身合法权益,也可以发挥自身才能参与建设家乡。农户参与村民自治,不仅有利于农户实现自我价值,提高了村庄自身的发展能力,而且进一步加强了农户与农户、农户与户长、农户与村干部之间的关系,提高了村庄管理效率。

3. 以经济组织盘活村内资源

脱贫攻坚之前,箐口村产业发展落后,村内既无专业合作组织,也无创业致富带头人,青壮年劳动力大多外出务工,导致村庄发展活力不足,农户收入较低。脱贫攻坚以来,为了改变箐口村农户分散经营、产业发展落后的状况,村两委成立了村集体公司,依据各个村民小组的资源条件成立相应的合作社。农户根据自身的劳动力、技术、土地、生产工具等要素自愿加入村集体公司或合作社。箐口村成立的村集体公司和合作社吸引了外出务工的青壮年劳动力回乡发展。农户在村集体公司务工获取收入的同时,还可以经营长效产业和短效产业获取另一份收入,这既激发了农户的劳动积极性,又有利于解决村内留守老人和留守儿童的问题。箐口村集体公司和合作社将村内土地、生产工具、劳动力等要素统一整合,盘活了村内资源,为当地产业发展筑牢根基,激发了村庄发展活力。

4. 以协会组织满足不同群体发展需求

箐口村在脱贫攻坚前,村内留守儿童和留守老人较多、村庄环境卫生差。脱贫攻坚以来,箐口村按照行业、年龄、发展需求和居住区域的差异,组建爱家协会、留守儿童关爱协会、青年创业协会、老年人协会等各类协会组织。爱家协会主要负责管理村内环境卫生,留守儿童关爱协会负责帮助解决村内儿童遇到的困难,老年人协会负责监督箐口村民生工作,青年创业协会负责村委交付的项目工作和维持箐口村治安工作。各种协会组织的建立有效地将村庄各类人群进行分类管理,并将其组织起来负责不同的事务,既提高了村庄管理效率,又满足了不同群体的发展需求,实现了农户的自我价值。

村主任 ZL 说:"村里成立各种协会方便了村庄管理,各协会之间也可以互助,比如老年人协会,老年人参加该协会后日常生活也丰富了起来,他们可以到村里的活动室下棋。村里老人如果遇到小孩在公路上玩耍可以帮忙照看一下,把小孩送回家,这也是帮其他农户照看小孩子了。"(ZL,访于 2019 年 9 月 24 日)

(二)以激励和服务提升乡风文明

脱贫攻坚前,箐口村卫生环境差、村民滥办酒席问题严重。在解决村庄卫生环境差方面,当地通过"三元模式"筹集资金并成立道德积分超市。农户通过各项评比获得积分,最后把积分兑换成商品。这种激励机制有效地激发了村民自觉爱护村庄卫生环境和遵守村规民约的动力。在整治滥办酒席方面,当地通过成立红白理事会,从规模、时间等对村内各类酒席作出明确规定,农户与农户、农户与村干部之间相互监督;此外,当地通过成立服务队和提供厨具等方式减轻农户置办酒席的支出。红白理事会的成立遏制了村内滥办酒席的陋习,减轻了村民负担。

(三)以先进典型教育激发农户内生动力

脱贫攻坚以来,箐口村针对农户内生动力不足的问题,通过

"新时代农民讲习所"平台,以先进典型教育的方式激发农户内生动力。首先,箐口村培育和树立勤劳致富典型人物,传播正能量,帮助农户树立"多劳多得、少劳少得、不劳不得"的观念,引导农户做好手中事情;其次,箐口村开展懒转勤、勤转能、能转富"三转"行动,将农户"要我脱贫"的被动观念转变为"我要脱贫"的积极观念,增强农户脱贫致富的信心和决心;最后,箐口村各种组织和协会为村内农户相互交流提供了丰富多样的平台,先进典型教育活动不仅可以在正式场合进行,农户在日常生产生活中也可以通过各类组织与典型人物进行交流,激发农户自身内生动力。

五、小结与讨论

村庄组织化的目标是全面建设村庄,其中既包括生产、经济发展等方面的内容,又包括精神文化生活、伦理道德等方面的内容[1]。村庄组织化对农村发展具有重要意义,合作社是将农民组织起来的有效载体之一,该议题在学术界有着广泛的讨论。牛若峰认为合作制是农民自由联合的必由之路[2]。吴彬、徐旭初认为合作社具有益贫性[3]。赵晓峰、邢成举认为农民合作社与精准扶贫存在着内在的理论自洽性,有利于提升精准扶贫的效益[4]。

村庄组织化有利于增强农户之间的联系,建立利益联结机制,

---

[1] 毛刚强:《新农村建设:农民组织化还是村庄组织化》,《中国乡村发现》2007年第5期。
[2] 牛若峰:《论市场经济与农民自由联合》,《中国农村经济》1998年第7期。
[3] 吴彬、徐旭初:《农民专业合作社的益贫性及其机制》,《农村经济》2009年第3期。
[4] 赵晓峰、邢成举:《农民合作社与精准扶贫协同发展机制构建:理论逻辑与实践路径》,《农业经济问题》2016年第4期。

增强农户自身发展能力，助推农户实现稳定脱贫。村庄组织化扩大了农户自身的社会网络，农户自身的社会资本得到提升，这不仅有助于解决绝对贫困问题，巩固脱贫成效，而且在缓解相对贫困方面发挥了重大作用。箐口村的发展离不开村内各种组织所发挥的作用，尤其是村党组织、经济组织、自治组织和各类协会组织，这些组织将农户紧密联系起来，在农户之间建立了利益联结机制，实现抱团发展。此外，各种组织的建立既有利于推动村庄乡风文明建设，又有利于增强农户内生动力。箐口村的发展模式说明，村庄组织化是实现农村发展的一条有效途径。

具体而言，箐口村在每个村民小组上成立合作社，将农户组织起来，发展各类产业，有利于提高农户收入水平和促进当地产业发展。箐口村将党小组建立在合作社上，对合作社实施引领和监管，这既有利于维护农户利益又有利于合作社健康发展。箐口村在每个村民小组成立的"村民自强联合体"有利于发挥农户主体作用，激发了农户参与村庄治理的积极性，有效实现了村民自治，也为合作社的发展提供了便利条件。当地各种协会组织将不同类型的农户组织起来参与村庄治理，既发挥了不同群体的才能，又满足了村内其他群体的需求，有助于农户之间形成互帮互助的良好习惯。但村庄组织化的健康发展需要结合村庄自身文化背景、地理环境等要素，创建对农村和农民有实际意义的多样化组织，这些组织的运行并不是相互独立的，它们是相互协作、相互补充的有机体。

（本案例执笔人：李世行）

案例点评

村庄组织化程度对推进农业农村现代化和农民发家致富起着至关重要的作用。村庄组织化程度的提升，有助于提高村庄公共事务管理质量、提升村民集体行动能力，进而有力推动村庄经济发展。但在落后地区，由于居住分散、缺乏治理人才等原因，村庄组织化程度低、难度大一直是"三农"工作的痛点。针对这个问题，箐口村作出了有益探索。一方面，箐口村建立"村民自强联合体"，选出"村民自强联合体"的户长，构建"农户—户长—村民小组长（党小组长）—村委会（村党支部）"的管理机制，缩短了党小组的服务半径、延长了村党支部的服务范围，解决了居住空间过于分散造成的管理难题。另一方面，箐口村将党小组建立在村民小组和产业链上，推动党员变能人、能人变党员，将村庄能人聚集在党的旗帜之下，使党组织和基层党员成为带动发展的核心力量。通过将分散居住的农户有效联结起来，箐口村做实了各类经济组织，盘活了村内资源，进而实现村庄的有效治理。箐口村的实践表明，"农户—户长—村民小组长（党小组长）-村委会（村党支部）"的管理机制能够解决居住空间分散的问题，将党小组建立在村民小组和产业链上能够将村庄能人聚集在一起，为村庄组织化发展和有效治理奠定人才基础。

（点评人：陆汉文，华中师范大学教授；梁爱有，华中师范大学）

第四章

青杠坝村：
以文明乡风筑牢村庄现代化发展之基

青杠坝村位于贵州省思南县南部的塘头镇东北方向，东邻仁和场村、南与泗河坝村接壤、北与江口村毗邻、西抵芭蕉村，距离县城 25 公里、乡镇所在地 7 公里。华中师范大学调研组于 2019 年 9 月 20 日至 23 日深入青杠坝村开展脱贫攻坚典型案例经验总结工作，在收集定性和定量资料的基础上完成此报告。

一、脱贫攻坚战基期村庄概况

（一）人口基数小，人口流失严重

2015 年，青杠坝村下辖 6 个村民小组，有苗族、土家族和仡佬族等少数民族共同居住。村庄总户数为 228 户，总人口为 1058 人，其中少数民族人口为 899 人，占总人口的 84.97%；劳动力人口为 460 人，占总人口的 43.48%；常住人口有 146 户 587 人，占总人口的 55.48%；建档立卡贫困户为 26 户 76 人，低保户为 29 户 70 人，分别占总人口的 7.18% 和 6.62%。青杠坝村人口基数小，劳动力充足，但常住人口不多，人口流失现象突出。

（二）自然资源禀赋先天不足

青杠坝村总面积2.5平方公里，耕地面积820亩，其中田地面积420亩，旱地面积400亩；林地面积1080亩，平均海拔为630米。除了土壤贫瘠外，青杠坝村还面临夏季水资源不足、冬季缺乏光照的资源限制，自然资源匮乏现象十分突出。"青杠坝，田大丘，三年两不收；有女不嫁青杠坝，红苕拌饭酸菜下"曾是青杠坝村资源禀赋先天不足的真实写照。在自然资源匮乏的背景下，村民依靠务农、打草鞋和挖煤等维持生计。

（三）基础设施基本完善

脱贫攻坚前，青杠坝村借助不断壮大的村集体经济，逐步完善村内基础设施和公共服务。在基础设施方面，2010年，村内6个自然村全部通公路和客运班车，安全用水、用电、用网实现全覆盖。2015年，对52户194人的住房进行第一期集中安置；修建了800平方米的露天游泳池1个，850平方米和300平方米的中心花园各1个；对村内主干道沿线进行道路绿化并新增了60个垃圾桶，新建200米长的休闲文化长廊；在全县率先修建了20亩的"回归园"村级公墓区和垃圾填埋场。在公共服务方面，2015年，青杠坝村有文化活动室1个，幼儿园1所，卫生室1个，红白理事会1个，并新修了篮球场、公厕和卫生室，安装了50盏路灯。

（四）生计渠道多样化

随着村集体经济的壮大和产业的不断发展，青杠坝村的收入渠道逐渐增多。村内常住居民收入来源主要为财产转移、分红、务工、发展生产。全部村民将土地以400元/亩的价格流转至村集体，进而获取租金收入。2015年，青杠坝村集体经济收入达100万元，按集体经济收入的60%进行分红，村民人均分红所得为60元。部分村民在村集体经济专业合作社务工以获得工资性收入。有的村民通过发展养殖获得生产性收入。在多种收入渠道的综合作用下，2015年该村人均年收入达12300元。

（五）致贫原因复杂多样

2015年，青杠坝村有建档立卡户26户76人，其中因病致贫的有9户26人，占建档立卡贫困人口的34.21%；因缺技术致贫的有4户16人，占建档立卡贫困人口的21.05%；因缺资金致贫的有5户15人，占建档立卡贫困人口的19.74%；因残致贫的有5户9人，占建档立卡贫困人口的11.84%；因学致贫的有2户9人，占建档立卡贫困人口的11.84%；因缺劳力致贫的有1户1人，占建档立卡贫困人口的1.32%。青杠坝村的致贫因素涵盖疾病、技术、资金、残疾、教育和劳力多种因素，致贫因素复杂多样。

二、脱贫攻坚资金投入与发展措施

（一）资金投入数量大、来源多、投向广

2016年至2018年，青杠坝村累计投入资金共计2155.05万元，其中财政资金1332.55万元，信贷资金700万元，社会捐赠资金22.5万元，村级集体经济滚动发展资金100万元。最主要的资金投向为基础设施建设，共计投入1214.75万元用于修建村内各项基础设施，其中2016年投入资金316.7万元用于实施生态移民工程与危房改造，2017年投入480.05万元用于修建高低位水池、卫生厕所、污水处理厂、排水沟以及安装路灯、改造村民安全用电、建设森林山庄等基础设施，2018年投入418万元用于修建通村油路、环山公路以及登山步道。其次，用于农业产业发展的资金共计927.8万元，主要用于发展蔬菜基地、建设四季果园、修建养牛场和完善加工厂基础设施。最后，用于扶持弱势群体的资金达12.5万元，包括春晖人士捐赠贫困户2.5万元，海尔公司捐赠价值8万余元的太阳能30台，县残联、妇联、民政部门赠送办公室电脑3台、打印机2台以及赠送贫困户电炉3台等价值2万余元的设备。

（二）多种脱贫措施并举

2016年，青杠坝村率先实现脱贫奔小康，经济发展水平得到大幅度提升。这主要得益于青杠坝村紧紧围绕"一达标两不愁三保障"脱贫目标，发挥组织力量，挖掘群众内生动力，采取一系列卓有成效的脱贫攻坚措施，尤其是乡风文明的建设措施，为乡村发展铸就振兴之魂。

1. 聚焦脱贫，发展与保障齐推进，治理与防范双保障

脱贫攻坚以来，青杠坝村从村级、户级层面精准分析致贫原因，通过就业扶贫、产业扶贫、民政兜底扶贫等多种方式精准帮扶，在土地流转、入股分红、务工、产业管护过程中优先保障贫困劳动力的利益，激发群众内生动力，带动建档立卡贫困户增收。通过开展控辍保学宣传、表彰优秀学生系列工作，营造良好

的教育教学氛围，实现全村62个义务教育阶段学生不辍学。通过加强合作医疗政策宣传力度，确保慢性病患者32人全部办证，全村贫困户26户84人医保参合率达100%。通过实施危房改造27户，实现危改户达标入住，完成功能配套设施建设。此外，青杠坝村利用网格管理的方式，通过防范返贫监测预警系统对已脱贫困户以及"十二类"重点人员进行实时监测，防止出现新的贫困人员和返贫人员。实现了全村建档立卡贫困户零错退率和零漏评率，全村224户936人对脱贫攻坚工作的认可度达到98%以上。此外，青杠坝村统筹整合土地资源，规划建设面积达1.8万平方米的搬迁工程，安置生态移民126户；实施"村寨绿化、道路硬化、家庭净化、院落美化"四化工程，修建2.5公里进村油路，1个小型堤灌站和多个水池，解决人畜饮水问题，全村进寨进户路硬化率达100%，全面接通电信网络信号，砖混房达95%。

2. 以业富民，夯实乡风文明之基

脱贫攻坚前，青杠坝村经济基础薄弱，村民收入较低，干群关系不和谐，村庄发展困难。随着脱贫攻坚各项政策的推动和落实，青杠坝村村两委班子通过发展产业带动村民增收、树立村干部权威、挖掘村民内生动力，为乡风文明建设奠定基础。

一是调整产业结构，带动村民增收。脱贫攻坚前，青杠坝村以种植水稻、小麦、油菜为主。由于土壤贫瘠、夏季缺水和冬季缺光照，农作物产量不高，人均收入极低。脱贫攻坚以来，青杠坝村以市场为导向，因地制宜试种大蒜、辣椒、西瓜等收入高于传统农作物的经济作物。青杠坝村以党员带头试种、逐步向全村推广的方式，形成了冬季种大蒜，夏季种西瓜、辣椒的产业结构。

同时，村支两委抓住退耕还林、"三个万元工程"等有利时机，因势利导，带领群众将荒山退耕种植李子、桃子、柚子、枇杷等经果林，建设山上种水果、坝上种瓜蒜的种植园区，推动农业立体式发展。截至2018年，青杠坝村人均收入达1.5万元。

二是延长产业链，促进产业升级。青杠坝村在发展种植业的基础上，继续发展养殖业，开发公墓园区，建立种植、养殖、公墓、用水等协会。以协会管理的方式获得村集体经济收入。在村集体经济壮大基础上，村干部深谋远虑，着手建设大蒜、辣椒加工厂，延伸产业链。为了促进资源利用最大化，多渠道增加村民收入，青杠坝村建立森林山庄公园，发展旅游业，形成了以"一产为主，接二连三"的产业融合发展格局。为了激发群众的积极性，共享发展成果，青杠坝村按人口进行分红，解决了无地、少地、多地村民的收益差距，促进共同富裕。产业的发展给村民带来收益的同时，也增加了村民对干部的信任，提升了村民对村集体事务的参与度，为乡风治理奠定基础。

3. 以文化民，凝聚乡风文明之魂

青杠坝村注重服务意识，通过提升服务水平，开展宣传教育，推动乡风文明建设。

一是加强基层队伍建设，以服务感化村民。基层自治组织要想获得村民的支持与信任，自身建设是关键。首先，青杠坝村村两委班子和党员同志定期学习国家政策、经商理念以及基层管理知识，提高自身的治理能力和公信力。其次，建立相关制度规范村干部行为，提升自制力。制定《党支部工作制度》，坚持每天召开1次村支两委班子"碰头会"，每月召开1次党员会、2次组长会、3次群众大会，对全村重要事项进行民主协商；建立双

向承诺机制，每年由村委向村民公开承诺年度完成事项，村党员干部向村民公开书面承诺廉洁自律和年度任务；建立综合监督机制，制定《村干部年度考核办法》，实行村干部与村干部、村干部与村民，村民与村民相互监督的机制。村干部受到制度约束的同时，也得到村民的认可。再次，强化对待群众的服务意识，尤其是不参与村庄发展的弱势群体。青杠坝村采取一名村干部帮两户、两名党员帮一户、一个产业大户帮一户、十名小康村民帮一户的帮扶模式，让弱势群体感受到组织的温暖，获得弱势群体的支持。对待不参与村务、不支持工作的村民，青杠坝村通过教育、帮扶改善生活条件的方式转变其思想，力争发展道路上不落下一人。

二是以"村民代表大会"为平台，通过宣传教化村民。召开村民代表大会是青杠坝村历来的传统，村支书以此为平台，通过"身边人讲身边事""回头看、向外看""道德讲堂"等措施来激发群众的感恩之心，提升群众的综合素质。首先，青杠坝村通过"身边人讲身边事"来发掘村民的优美品质，传播正能量。"身边人"主要是指在道德方面做得较好、给予他人帮助的人。村民通过帮助对象提名，村干部推荐，村民主动申请等方式来寻找"身边人"。在每月召开的群众会议上，"身边人"以自己所做的"身边事"来感染村民。"身边人讲身边事"的措施不仅能激发群众的感恩之心，而且能提升帮助者的价值感。其次，村干部通过带领村民一起"回头看、向外看"来激发群众的感恩意识。"回头看"是指在群众会议上，村干部、老党员同志给村民讲述青杠坝村20年前的样子。通过青杠坝村不同阶段多个面貌的对比，来激发群众的珍惜意识、感恩意识，进而提升村民对村集体事务的支持和配合度。"向外看"是村两委班子定期组织部分村民到其他村庄去参观考察学习，并由部分村民将所见所闻通过群众会议传达给村民。一方面,通过外出考察能够学习更好的发展思想、扶贫经验，激发学习意识；另一方面，通过对外提供资金、技术帮助，提升村民自豪感与价值感。此外，村支部还通过开展道德讲堂，学习"郭明义""孟华杰""曹瑾"等先进事迹来提升村民的道德水平。青杠坝村通过多形式的教育学习，将美好品质进行内化，提升了思想觉悟，变成了"讲文明、讲道德、讲法律、讲健康、讲规矩"的素质村民。

4. 以制治民，建立乡风文明之保障

青杠坝村在推进乡村文明建设中不断建立和完善相关激励、约束制度，为落实乡村文明提供制度保障。

青杠坝村的激励制度是在各种具有激励性质的活动中逐渐形成并制度化的。该村通过开展"表彰会""大学生座谈"等活动，聚集全村多方精英，达到激励的效果。随着村民代表大会的召开，部分村民的思想素质得到提升，青杠坝村在各方面开始出现较为积极的村民，为了保持村民的积极性以及带动其他村民参与其中，青杠坝村选择劳动节、建党节、中秋节等重大节日，开展一年一度的村民表彰大会。表彰大会设置的名额多，范围广，包括优秀党员、优秀组长、五好家庭、道德模范、优秀种植大户、优秀养殖大户、最美劳动者、优秀卫生家庭等。每年的表彰名额以及表彰主题根据村庄发展方向进行调整，确保村民与村庄同步发展。表彰会鼓励先进，激励后进，从而创造积极上进的乡村风气和文化。同时，针对某一具体方面，青杠坝村也建立了相关激励机制。教育上，青杠坝村在每年的八月底召开大学生座谈会。一是针对考上大学的同学和家庭进行奖励，考取一本、二本的同学分别获奖 1000 元、500 元。二是由获奖同学分享学习经验，由获奖家庭分享教育经验。大学生座谈会的召开，促进青杠坝村民重视教育，形成鼓励学习的风气。仅 2019 年青杠坝村便培养了 6 个一本大学生。卫生上，青杠坝村通过广泛开展"卫生文明户"等形式的卫生保洁创评活动，按标准评选当月"卫生文明户"，并在公务栏上进行宣传表扬，给予悬挂流动清洁户的标志。对于"年度最佳卫生文明户"，村干部颁发奖牌和奖金。经过几年的环境整治，青杠坝村卫生处理干净的家庭由 2015 年的 165 家增加至 2019 年的 210 家，提升了 18 个百分点。

约束机制对维持社会秩序有重要作用，青杠坝村在乡风治理过程中通过完善落实乡规民约等制度对村民行为举止进行规范约束。一是完善乡规民约，健全相关制度，确保乡风治理的规范性。青杠坝村通过召开群众大会，依据《村民委员会组织法》，制定了《村民自治章程》《青杠坝村村规民约》，对学法守法、规范酒席、文明建设、耕地保护、婚姻问题、尊老爱幼等方面作出明确规定。在《村民自治章程》《青杠坝村村规民约》的基础上，制定了《民主生活会制度》《联系群众制度》《村务公开制度》《财务管理制度》《矛盾纠纷排查调处制度》等，为处理党务政务提供制度保障、民约保障。二是多方共同监督，促进制度落实。青杠坝村村级党务政务实行"阳光运作"，设立群众意见箱、党务政务和计生信息公示栏，推行干部群众双向承诺的自我管理体系，定期公开政策法规、办事程序、工作动向和重大决策。村党支部、村委会定期向村民公开承诺的工作目标，村民与村支两委签订《做一个文明诚信村民的承诺书》，并在村务公开栏公示。村民之间，依据乡规民约开展相互监督。三是加强法制建设，依法治村。青杠坝村成立村级普法领导小组，每月开展一次集中学法活动，组织学习《村民委员会组织法》《土地管理法》《农村土地承包法》《婚姻法》《人民调解法》等与村民日常生活相关的法律法规，提升村民自我管理的能力；培养"法律明白人"，邀请律师、司法干警授课，培养村内法律骨干，提升依法办事能力；建立法制宣讲责任区，广泛开展"一明二保三员四入户"法律进家庭活动。村民在乡规民约以及法律的约束下，行为举止更加规范，呈现出"讲文明、讲道德、讲法律、讲健康、讲规矩，生态美、语言美、行为美、心灵美"的"五讲四美"新农村氛围。

三、脱贫攻坚成效

（一）收入增长可观

2015年以来，随着青杠坝村产业的发展，全村通过务工、土地流转、村集体经济专业合作社分红、社会救助等多渠道提高收入水平。青杠坝村人均收入从2015年的1.23万元增加至2018年的1.5万元。村集体经济进一步壮大，从2015年的450万元增加至2018年的600万元，全村固定资产达4200万元。贫困户人均收入从2015年的3096.44元增加至2018年的12067.21元，其中财产性收入与工资性收入显著增加，分别由2015年的215.04元、2056元增至2018年的2035.45元、8738.28元（见表4-1）。

表 4-1 贫困户收入及集体经济收入情况表

观测指标	单位	2015 年	2018 年
贫困户人均可支配收入	元/人	3096.44	12067.21
其中生产经营性净收入	元/人	513.00	812.36
工资性收入	元/人	2056.00	8738.28
转移性收入	元/人	312.39	436.12
财产性收入	元/人	215.04	2035.45
村集体经济收入	万元	450.00	600.00

（二）贫困发生率降低，贫困状况减轻

经过村干部与村民的不断努力，青杠坝村的贫困面貌彻底得到改善。2016 年，该村率先实现脱贫奔小康，全村未脱贫的 12 户 32 人通过就业扶贫、产业扶贫、民政兜底扶贫等措施已全部达到脱贫出列的标准。已经脱贫的 14 户 52 人脱贫成效得到巩固提升。截至 2018 年年底，贫困户发生率由 7.03% 降至 3.4%。

（三）基础设施完善，人居环境改善

2015 年至 2018 年，青杠坝村基础设施显著改善。在道路建设方面，青杠坝村新建通村油路一条，产业公路 2.5 公里，环山旅游公路 4.5 公里，登山步道 1162 步。在人居环境方面，安装路灯 120 盏，卫生厕所覆盖全村 90% 的农户；新建生活污水处理厂、排水沟，对全村生活污水进行无害化处理；对全村安全用电进行全面改造，受益群众 224 户 926 人；修建 300 立方米的高低位水池 2 口，受益群众 224 户 926 人，饮水安全保障得到进一步改善；建设 20 余亩公墓区、150 座沼气池；建成了小康房、小康路、活动场、文化廊等设施；加快推进村内绿化工程，全村绿地

覆盖率达 80%。

（四）公共服务进一步提高

青杠坝村为打造休闲村居，组建文化宣教队为群众演出文艺节目，争取上级资金 20 余万元，扩建农民体育场所和健身器材；新建 2500 平方米的民族休闲广场、1200 平方米的文化广场、1200 平方米的钓鱼休闲台、700 平方米的游泳池，增加老年协会活动场所和娱乐项目。村内有 1 个占地 260 平方米、可容纳 300 人的文化活动室，村委会以此为平台培养"有知识、懂技术、会经营"的新型农民。此外，村内有卫生室 1 个、医生 1 名，合作医疗及大病保险覆盖全村贫困户 26 户 84 人；有幼儿园 1 所，全村 6 周岁至 16 周岁义务教育阶段学生 68 人入学率达 100%。

（五）内生动力不断增强，形成良好的乡风文明

青杠坝村通过产业发展、能人的示范带动以及宣传教育等多种方式激发了群众的内生动力，消除了贫困户"等、靠、要"思想。2015 年青杠坝村有 14 户贫困户 37 人通过自身努力的方式获取收入，占总贫困人口的 53.8%；2018 年青杠坝村有 26 户贫困户 84 人实现自力更生，占总贫困人口的 80.8%。此外，村干部通过村民代表大会对身残志坚的贫困户进行表彰，以及"身边人讲身边事"等方式来激励村民自力更生。截至 2018 年，青杠坝村部分因残疾致贫的贫困户也有稳定的收入渠道。

村民内生动力不断增强的同时，村内良好的乡风文明也逐渐成型。村干部通过开展每月 3 次的村民代表大会、环境卫生评比、

最美人物评比等活动来提升村民素质；通过学习法律、乡规民约来规范村民行为。经过多年的乡风治理，青杠坝村的村民变成了有组织、有纪律、有礼貌和有环保意识的"四有"高素质村民。自 2015 年以来，全村矛盾纠纷"零发生"、刑事案件"零发生"、涉毒涉黄涉赌"零发生"、偷盗诈骗"零发生"、上访事件"零发生"（见表 4-2）。2015 年 2 月 28 日，青杠坝村荣获"第四届全国文明村镇"称号。

表 4-2　乡风文明情况表

观测指标	单位	2015 年	2018 年
打架斗殴事件	次	1	0
赌博事件	次	0	0
偷盗事件	次	0	0
抢劫事件	次	0	0
判刑人数	人	3	3
接受治安处罚人数	人	0	0
上访人次	人次	0	0
群体性事件	次	0	0
是否有村规民约	—	是	是

（六）村级治理能力增强

村级治理能力提升的关键是组建一个好班子、选对"领头雁"。青杠坝村十分注重加强村两委综合素质，提升村级治理能力。一方面，自 2014 年以来，青杠坝村村两委始终强化学习，提升素质，不断注入新力量。村支书组织村两委班子和党员同志定期集中学习，分批次外出参观考察；挑选村里有知识、有能力、有思想的年轻人和致富带头人，参与村级组织协会的经营管理，并将其吸纳到入党积极分子队伍中。党员数量由2015年的29名增至2018年的32名，创业致富带头人由2015年的2人增加至2018年的26人（见表4-3）。另一方面，村民自治更加规范化，制定《支部工作制度》，坚持每天召开1次村支两委班子"碰头会"，每月召开1次党员会、2次组长会、3次群众大会，对全村重要事项进行民主协商和通报。截至2015年，村民代表大会召开次数共增加12次，在家村民的参与度逐渐提高到100%。总之，青杠坝村级治理能力提升不仅体现在领导班子综合素质的提高，还体现在群众参与度的提升上。

表4-3 村级治理能力情况表

观测指标	单位	2015年	2018年
本村年内召开的村民大会或村民代表大会的次数	次	24	36
本村创业致富带头人人数	人	2	26
党员数量	人	29	32

四、总结和讨论

青杠坝村的发展路径为"社会资本"理论的应用提供了较好的实践参考。该理论认为，社会资本是指社会组织的特征，例如信任、规范和网络，它们能够通过推动协调的行动来提高社会的效率[1]。社会资本能通过促进合作、提高效率、降低行政成本来促进社会治理[2]。乡村治理的社会资本源自于乡村共同生活的历史沉淀，包括乡规民约、风俗习惯、非正式制度等规范，亲属关系、

---

[1] 陈潭、于勇：《乡风礼俗、信任关联与社会治理》，《江苏社会科学》2016年第1期。
[2] 闫臻：《嵌入社会资本的乡村社会治理运转：以陕南乡村社区为例》，《南京农业大学学报（社会科学版）》2015年第4期。

熟人关系、社会组织等网络，以及村内各主体之间的信任。社会资本诸多要素在乡村治理中的运用，能逐步改善乡村群体之间的关系，促进乡村群体向信任、互助、友爱、合作等方向发展，形成新的凝聚力，减少管理成本，推进乡村社会发展。

而青杠坝村发展较快主要得益于该村采取"整村推进"的发展模式，经济发展与乡风治理共同推进，尤其是在以脱贫攻坚为发展经济重要抓手的阶段，青杠坝村在乡风治理方面已经走在前面。调研中，村支书一直强调："青杠坝村与别的村不一样，很多难事别的村干不了，青杠坝村可以，村民支持工作。"可以看出，青杠坝村通过乡风治理，提升村民的素质，挖掘村民内生动力，对该村的发展发挥了至关重要的作用。这也印证了马克思辩证唯物主义的精髓——物质决定意识，意识反作用于物质。青杠坝村通过经济发展、带动致富凝聚民心，通过教育感化提升村民思想觉悟，通过激励机制来调动村民积极性、激发内生动力，通过健全约束机制来规范村民行为举止并强化组织性、纪律性。反过来，随着村民素质提高、干群关系和谐，青杠坝村的社会信任被重新建立，降低了基层治理成本，发挥资源最大化效用，为青杠坝村继续发展提供动力。

青杠坝村的实践与发展有力地说明，在脱贫攻坚的道路上，经济发展的重要性毋庸置疑，但乡风治理也不可忽视。如果一味提升物质文明，忽视精神文明建设，将会削弱村庄凝聚力。乡村社会原有的网络、规范、信任被打破，加大基层治理的难度，进一步阻碍村庄的发展。因此，应立足于与乡村治理有关的社会人情、文化、网络与规范，挖掘乡村社会中有益的治理资源，提升乡村德治水平，创新乡村社会治理机制，助推村庄发展。

（本案例执笔人：陈诗慧）

案例点评

《中共中央国务院关于实施乡村振兴战略的意见》将乡风文明作为实施乡村振兴战略总要求之一，作为乡村振兴的保障，强调必须坚持物质文明和精神文明一起抓，不断提高乡村社会文明程度。青杠坝村是一个突出乡风文明作用，走物质文明和精神文明协同并进道路，进而实现脱贫奔小康目标的生动案例。青杠坝村科学调整产业结构、最大化延长产业链，促进了产业升级、带动了农户增收。与此同时，青杠坝村将乡风治理摆到与产业发展同等重要的位置，通过提升村治服务水平、开展宣传教育等方式推动乡风文明建设，以健全的激励约束机制强化乡风治理的制度保障，逐渐形成了信任、互助、友爱、合作的文明风尚，促进了村庄经济社会的发展。青杠坝村案例是马克思主义哲学关于物质与意识、经济基础和上层建筑基本原理的践行。一方面，通过发展产业，青杠坝村生活水平不断提高，村民有更好的物质条件追求精神层面的需求。另一方面，通过乡风文明建设，村庄凝聚力大幅提升，村民归属感和内生动力被激发，村庄治理成本降低，为村庄经济社会发展创造了更好的社会环境和心态秩序，夯实了村庄现代化的基础。

（点评人：陆汉文，华中师范大学教授；梁爱有，华中师范大学）

第五章

高峰村：

整村推进结对帮扶

高峰村位于贵州沿河土家族自治县中界镇东南方向，属于原深度贫困村。江苏省张家港经济技术开发区善港村于2018年3月与高峰村结对帮扶，在全国东西部扶贫协作"携手奔小康"行动中，率先探索实践村村结对的"整村推进结对帮扶"新模式。华中师范大学调研组于2019年9月24日至26日深入高峰村开展实地调研工作，在收集定性与定量材料基础上完成本报告。

一、脱贫攻坚基期村庄基本情况

（一）少数民族聚居，资源匮乏

高峰村下辖龙门组、子弟坝组和小池组3个村民组，2015年总人口为147户563人，其中建档立卡贫困户50户194人，低保户96户171人；全村劳动力共312人，其中外出务工137人。村内有汉族、土家族、黎族、苗族，其中以土家族和汉族为主，土家族和汉族分别有376人和179人，分别占村内总人口的67%和32%。高峰村辖区面积6平方公里，耕地面积820亩，林地4800亩，耕地有效灌溉面积为45亩。更为严重的是，高峰村地势以山地为主，属于典型的喀斯特地貌，石漠化比较严重，土质贫瘠且分散，集中连片的耕地有 200 余亩，人均耕地仅仅 1.5 亩。在面对人口较多、资源不足的困境下，大多数青壮年劳动力不得不外出务工谋生，留守的村民种植稻谷、玉米、红薯等"老三样"。由于土地贫瘠，资源匮乏，种植业产出效益极低，基本没有收入，"春种一粒粟，秋收两箩筐"是高峰村的真实写照。在自然资源严重匮乏、种植业发展水平低下的情况下，村集体经济每况愈下，村集体经济收入为零。

（二）基础设施与公共服务落后

2015 年，高峰村基础设施十分落后，全村没有通客运班车，有 1 个自然村（组）没有通公路，2 个自然村（组）没有通生产用电，全村均未通有线电视信号和宽带，饮用水也未经过集中净化处理。除了基本的生产生活设施落后，村内公共服务也十分薄弱，村内无文化活动室、幼儿园和卫生室。在农业生产设施方面，蓄水、提水设施不完善，由于全年雨季降水量较多且过于集中，而每年 6 月至 9 月降水较少，导致农业产业用水紧张。高峰村极度落后的基础设施和公共服务严重影响了村民生产生活质量，村民幸福感、获得感有待提升。

（三）生计渠道单一，收入水平不高

高峰村属于典型喀斯特地貌，村民长年种植稻谷、玉米、红薯等经济效益不高的传统农作物。加上当地石漠化严重、土地贫瘠和水源缺乏，农业产出极低。据统计，2015 年村内贫困户人均生产经营性净收入为 1007 元。而 2015 年之前，村内缺乏企业和

致富带头人，导致大量青壮年劳动力外出务工。在外出务工的人员中，大部分人员缺乏技术，从事的多为体力劳动，造成务工收入较低。2015年村内贫困户人均工资性收入为1441元。由此可见，高峰村生计渠道单一且水平较为低下，总体生活水平不高。

（四）致贫原因多样化，收入状况不佳

2015年，高峰村有建档立卡贫困户50户194人。从致贫原因看，因缺少发展技术致贫的有13户50人，占建档立卡贫困人口的25.77%；因缺少发展资金致贫的有11户50人，占建档立卡贫困人口的25.77%；因学致贫的有7户36人，占建档立卡贫困人口的18.56%；因病致贫的有8户24人，占建档立卡贫困人口的12.37%；因残致贫的有5户20人，占建档立卡贫困人口的10.31%；因缺土地致贫的有2户6人，占建档立卡贫困人口的3.1%；因灾致贫的有1户4人，占建档立卡贫困人口的2.1%；因缺劳动能力致贫的有3户4人，占建档立卡贫困人口的2.1%。根据分布情况，高峰村主要致贫原因为发展技术不足、缺少资金、教育负担重、患疾病和残疾等，致贫因素复杂多样。

高峰村山高坡陡、土地贫瘠，传统农作物产量不高，加之村内产业基础薄弱，基础设施落后，村民文化水平不高，思想固化，整体发展能力有限，导致村民家庭主要经济来源为传统农业生产和外出务工，长期处于落后状态，收入水平不高。2015年，高峰村贫困户人均可支配收入为3110元，其中生产经营性收入为1007元，工资性收入为1441元，转移性收入为588元，财产性收入为74元。

二、脱贫攻坚资金投入与贫困治理措施

(一) 多方资金投入巩固发展基础

在财政资金方面,2016年至2018年上级部门投入到高峰村的资金共计1405万元。一是共投入东西部扶贫协作资金424万元用于产业路、高峰村有机农业产业园建设。新建高峰村龙门组至小池组产业路2公里以及连栋薄膜温室大棚5712平方米、gp-832大棚13552平方米,种植了有机黄瓜、西红柿、美国金瓜、草莓等蔬菜水果;2018年收购180亩茶叶基地发展茶叶产业园,添置茶叶加工设备一套。二是共投入财政扶贫资金80万元用于产业路建设。修建高峰村神木坳至木公水产业路1.5公里,高峰村岩窝坨至神木坳产业路改扩建5公里。三是共投入财政资金901万元用于产业路、通村组路、路灯、饮水等基础设施建设。2016年铜仁市生态移民局拨付35万元脱贫攻坚帮扶资金主要用于土地流转、征地以及帮扶太阳能节能路灯50盏,铜仁市发改委拨付30万元用于高峰饮水工程;2017年硬化龙门至小池道路2.2公里,开挖高峰村子弟坝组产业路毛路;2018年沿河县交通局投资建设高峰村马石坳至璇帽顶公路1.3公里,建设高峰村新村委会至长坪公路7.2公里,硬化高峰村七里槽至子弟坝道路3公里。

在信贷资金方面,2016年至2018年高峰村共为8户村民提供小额贷款,每户5万元,共40万元。其中有4户贫困户贷款用于入股分红,如胡绣花入股沿河土家族自治县蓓蕾中英文幼儿园,每年分红3600元;罗来沈、罗贤高、田素花入股贵州画廊乌江旅游开发有限责任公司,每年每户分红3600元;另有4户贷款用于发展牛、羊等养殖业。

在社会捐赠方面,高峰村接受的社会捐赠共260万元。其中

苏州银行捐赠150万元用于高峰村茶叶加工厂建设，善港村党委书记葛剑锋和清华大学51班老党员分别捐赠5万元用于高峰村"善扶康"健康基金，苏州农办捐赠100万元用于有机农业产业园二期建设。

（二）贫困治理主要措施

自2018年3月善港村驻村工作队进驻高峰村以来，高峰村在整村推进脱贫攻坚工作中实现了历史性蜕变，这些蜕变主要得益于善港村和高峰村共同制定、实施的系列有力措施。

首先，抓党建强基础，建脱贫攻坚先锋队。一是强化班子力量。铜仁市移民局党支部、善港村党委、驻村工作队临时党支部与高峰村党支部实行四部联建，以"党建带扶贫、扶贫促党建"实现党的建设与精准扶贫无缝对接。市移民局办公室主任担任第一书记，中界镇党委副书记任支部书记的带头人，与包村干部、村干部、志愿者共同组成新的村"两委"班子，把高峰村"两委"打造成脱贫攻坚和乡村振兴的核心。二是规范组织生活。走访入户登记，开展党员信息普查，规范党员管理。规范"三会一课"、设立党员中心户、开展"党员承诺"、重温誓词、共唱红歌、书记宣讲、党员交流等各类载体活动，充分调动了党员的积极性。三是为基层党组织注入新鲜血液。高峰村2018年至2019年8月底，发展预备党员4名，发展入党积极分子6名，均是有发展潜力的年轻人，为基层党组织输入了新鲜血液。

其次，完善制度保障，加强机制建设。自2018年3月江苏省张家港市与贵州省沿河土家族自治县扶贫协作结对以来，两地在探索建立"五位一体"全方位结对帮扶基础上，逐步形成以"三项机制、三个覆盖、三大保障"为重点的"三个三"东西部扶贫协作结对帮扶新模式。两地分别成立"东西部扶贫协作领导小组",设置了专门办公室,明确由张家港市发改委和沿河县扶贫办具体负责组织协调东西部扶贫协作对口帮扶工作;建立联席会议和对口协商协作机制,双方党政主要领导定期开展交流互访和座谈会商,全面部署落实东西部扶贫协作各项工作,两地四套(家)班子领导和机关部门、乡镇、村全面开展对接交流;完善考核机制,出台《沿河土家族自治县东西部扶贫协作考核办法(试行)》,细化考核指标,明确考核方式,强化工作考核,全力推动各项工作落地落实。

再次,加强文化建设,提振群众精气神。挖掘土家文化、弘扬善文化,将善港村"善有善为、善始善终、善作善成、善登高峰"文化理念与高峰村土家民风民俗相结合,组织开展文明家庭、示范家庭、好婆婆、好儿媳等评选活动,在满足村民精神文化需求的同时,培育高峰村群众崇德向善、自强自立精神;播放主旋律电影、开展法治宣传、免费开设留守儿童"周末辅导班""假期兴趣培育班";建立沿河县首个村级新时代文明实践站,收集群众意愿,链接社会资源,为群众提供理论宣讲、教育、文化、科技与科普、健身体育五大类服务,满足群众内在需求;成立青年志愿服务队,驻村队员和志愿者利用寒暑假,免费开设兴趣班、特长班,利用周末为中小学生无偿进行课业辅导;关爱老年人群体,弘扬以孝为先的优良传统,春节组织年轻人集资宴请老年人,共吃年夜饭,为老人献歌献舞。

然后。加强村民自治,促进村庄发展。成立村民议事会,拟定议事会章程、实施细则,稳步推进乡村自治。2018年至2019年上半年,村"两委"收到群众意见建议上百条,有机产业园建设、党群服务中心建设、村民务工等村内重大事项均充分吸收采纳了群众建议。通过星级文明户评选、党员示范家庭等评选活动，树立榜样，让群众向先进看齐。

最后，发展产业，助力脱贫攻坚。高峰村把产业作为脱贫攻坚和乡村振兴的重头戏来抓，在借鉴善港村经验基础上，规划了"两园三业一中心"产业布局。一是公司化运营。村集体注册农业公司，任用专业人员负责管理；摆正村"两委"与企业关系，即村"两委"负责把握发展方向，不过多干预公司运营，保证企业有足够的自主权。建成后的有机农业产业园、茶叶公园和生态养殖场项目均交由农业公司负责运营。二是专业化管理。在善港村的大力扶持下，公司主要专业技术人员和管理人员均由善港村农业公司选派，无偿提供技术支持，最大限度降低了经营风险，提升了管理水平。三是品牌化销售。紧抓供给侧结构性改革机遇，使高峰产品实现优质优价。

三、贫困治理成效

（一）收入结构优化

截至2018年年底，高峰村贫困户的收入结构较脱贫攻坚前有了明显的改善。贫困户收入结构发生优化主要表现为工资性收入的比重上升，生产经营性净收入比重下降。通过表1中2015年与2018年数据对比可知，贫困户工资性收入占人均可支配收入的比例由2015年的50.74%上升至2018年的80.59%，贫困户生产经营性净收入占人均可支配收入的比例由2015年的35.46%下降至2018年的3.32%（见表5-1）。贫困户收入结构之所以产生变化，主要是脱贫攻坚以来，特别是善港村驻村工作队进驻高峰村后，有机产业园和茶叶公园开始投入生产，充分吸纳了村内闲置劳动力，村民由传统的农业生产转向园区务工，工资性收入大幅增加。

过去高峰村受自然条件限制，长期没有支柱产业，村民靠传统种植、养殖、务工维持生活，人均收入低，村民习惯于等政府救助，靠天吃饭。现在，村内60岁以上的老人和体弱劳动力可以在产业园区务工，每年可增收两三万元，真正实现了家门口务工增收。

以贫困户LXZ为例，"以前在家的人除了种点玉米、红薯和砍点柴之外，基本是在家闲聊、无事可做。现在村民白天忙着学习农业技术和务工，年轻人聊的是怎么在挣钱。我以前也没有出去打过工，一直在家里务农，今年开始在产业园打工，上半年工资发了差不多7300元，我还在村里做保洁员，一年工资7200元。"（LXZ，访于2019年9月25日）

表5-1 贫困户收入及其构成情况表

观测指标	单位	2015年	2018年
贫困户人均可支配收入	元	2840	5328
贫困户生产经营性净收入	元	1007	177
贫困户工资性收入	元	1441	4294
贫困户转移性收入	元	588	868
贫困户财产性收入	元	74	35

（二）基础设施完善，人居环境美化

脱贫攻坚战开展以前，高峰村的基础设施较为落后，人居环境恶劣。为此，加强基础设施建设、改善人居环境是高峰村脱贫攻坚的重大任务。脱贫攻坚开展以来，在善港村和高峰村共同努力下，高峰村的基础设施与人居环境发生了翻天覆地的变化。在道路交通方面，新增产业路、通组路、通村路共计22.2公里，在铜仁市移民局帮扶下新增太阳能节能路灯50盏。在饮水方面，高峰村采取分散式供水，分散消毒，贫困人口安全用水得到保障。在人居环境方面，在善港村驻村工作队的引领下，动员群众自发参与到全村的环境卫生整治工作中来，发动群众义务对道路两旁8处牛舍鸡棚进行集中拆除，并进行绿化，配备了10个垃圾箱，垃圾定点堆放、统一清运，改变了群众乱堆乱扔的不良习惯。公共环境的改善，促使群众思想的改观，以前村民房前屋后杂物较多，屋内物品摆放零乱无章，现在全都自觉整理，合理摆放，房前屋后的卫生环境"三包"政策得到了落实（见表5-2）。

表5-2 基础设施变化表

观测指标	单位	2015年	2018年
本村自然村个数	个	3	3
通公路的自然村个数	个	2	3
主干道路面经过硬化处理的自然村个数	个	2	3
通生产用电的自然村个数	个	1	3
通有线电视信号的自然村个数	个	0	3
通宽带的自然村个数	个	0	3
使用自来水贫困户数量	户	8	32
饮水经过集中净化处理的自然村个数	个	0	3

（三）公共服务逐步完善

在多方合力的共同努力下，高峰村的公共服务进一步完善。到2018年年底，适龄儿童义务教育全部得到保障，全村贫困户均购买了合作医疗和大病医疗保险，参合（保）率由2015年的90.72%上升至2018年的100%；行政村卫生室由2015年的0个增加到2018年的1个。村内文化活动室由2015年的0个增加至

2018年的1个，新建的文化活动室占地40平方米，图书室存书1000余册，包括科普类、文史类、小说类、法律类、教育类等图书。新社群文化活动中心正在建设中（见表5-3）。

表5-3 公共服务信息表

观测指标	单位	2015年观测值	2018年观测值
行政村卫生站（室）个数	个	0	1
贫困户参加合作医疗人数	人	176	196[①]
贫困户加入大病医疗保险人数	人	176	196
是否有文化活动室	—	否	是

（四）村级治理能力提高

治理主体进一步强化。为了加强基层组织建设，提升村级治理能力，发挥基层党组织的带头引领作用，铜仁市生态移民局党支部、善港村驻村工作队临时党支部和高峰村党支部建成支部联建，打造引领脱贫攻坚和乡村振兴的核心。通过定期组织"三会一课"，提升每位党员的党性修养，进一步树牢"四个意识"，坚定"四个自信"，做到"两个维护"。老党员在产业发展和环境整治等方面发挥带头作用，带着群众干，引领全村新风尚。例如，党员罗时高帮助党组织严把入党积极分子人选关，党员罗绪辉主动化解修路征地难题，党员赵茂英教育群众保护环境卫生。高峰村在发挥老党员带头示范作用的同时，也积极动员年轻人加入基层党组织，让年轻人主动向党组织靠拢，为基层党组织注入新鲜血液。2015年至2018年间，高峰村全村正式党员数量增加3名，截至2019年8月底，有正式党员19名，预备党员1名，入党积

---

① 此处显示，2018年高峰村有建档立卡贫困人口196人，与2015年时建档立卡贫困人口194人不一致，数据差别为人口自然增减后动态调整的结果。

极分子6名。

村民参与自治的积极性与质量有所提高。开展脱贫攻坚工作前，村民参与村集体活动积极性普遍不高，对村级事务参与较少。脱贫攻坚工作开展以来，高峰村成立了村民议事会，拟定议事会章程、实施细则。2018年至2019年上半年，村"两委"收到群众意见建议上百条，有机产业园建设、党群服务中心建设、村民务工等村内大事大项都充分吸收采纳了群众建议。星级文明户评选、党员示范家庭等评选活动也充分采纳群众建议，村民参与村级事务的积极性得到了极大的提升，不仅有利于改善干群关系，还有利于村庄的稳定与发展。

（五）生计渠道多样化，乡风文明发生转变

高峰村通过技能培训、公益性岗位、产业带动和培育创业致富带头人等方式激发贫困户就业创业。截至2019年6月，全村共有9名创业致富带头人，其中有3名为贫困人口。全村共有6名贫困户从事公益性岗位，其中3名护林员，3名保洁员。据统计，高峰村2016年至2018年贫困户接受技能培训共115人次。在广泛的动员和号召下，全村除了80岁以上的老年人和身体有严重疾病的村民之外，可用劳动力已全部参与到产业项目中，其中在有机产业园和茶叶公园的务工人员达30多人，另有10余人在养殖场、致富带头人培训中心、茶叶加工厂房工作，高峰村的泥瓦工、电工，以及发展特色作物和特色经济的村民成为抢手货。过去一觉睡到日上三竿、酗酒、赌博等不良习惯明显改善，群众脱贫致富的干劲更足。

以致富带头人中的贫困户LXG为例，"我以前在家搞点养殖，

养牛，一年才几千块钱，去年开始在园区打工，我老婆也在园区打零工，我俩一年工资加起来两万多。我现在在园区里学习鹌鹑养殖，今年去善港村学习了两个月，主要是实际操作，学的时候有专业人员教我们，有错就立马给我们说出来。现在（养鹌鹑）一般的疾病没什么问题，就是出现些疑难杂症比较难解决。"（LXG，访于2019年9月25日）

在改善乡风文明方面，高峰村制定了村规民约，成立了调解委员会，并将罗氏族谱制作成家风家训宣传，有效引导群众讲礼仪、知廉耻，规范言行。组织村民成立金钱杆土家舞蹈队，开展文明家庭、示范家庭、好婆婆、好儿媳等评选活动，在满足村民精神文化需求过程中，培育高峰村群众崇德向善、自强自立精神。此外，播放主旋律电影、开展法治宣传等活动进一步丰富了村民的文化生活（见表5-4）。

表5-4 乡风文明情况表

观测指标	单位	2015年观测值	2018年观测值
贫困户公益岗位在岗人数	人	0	6
本村创业致富带头人人数	人	0	9
村内平均聘礼支出	元	30000	40000
村内平均婚宴支出	元	10000	15000
村内平均葬礼支出	元	10000	13000
当地人情往来年度支出	元	1000	1500
是否有村规民约	—	否	是

（六）贫困状况有效改善

经过几年的努力，高峰村的贫困面貌得到明显改善。水、电、路等基础设施不断完善，公共服务质量进一步提高，合作医疗、大病医疗保险实现全覆盖，义务教育全部保障，无住房隐患问题。2015年高峰村有建档立卡贫困户50户194人，贫困发生率34.6%；截至2018年年底，未脱贫人口仅剩26户95人，贫困发生率下降到16.9%。2018年全村人均可支配收入上升到4600元，预计2019年年底贫困人口全部脱贫，人均可支配收入可达7800元。

四、村村结对帮扶典型经验

脱贫攻坚以来，高峰村在善港村的大力帮扶下，坚持因地制宜、科学谋划、长短结合，探索高端有机农业产业发展新路。通过两地资源共享，不断提高产业、产品和品牌竞争力，增强高峰村自我"造血"功能和可持续发展能力，真脱贫、脱真贫，实现民富村强。

（一）因地制宜，取长补短精选特色产业

第一，综合帮扶村与被帮扶村特点，借鉴善港村经验。高峰村石漠化土地多、耕地少，全年降水较多，但是可利用水资源少，传统种养业多、现代农业少，种植稻谷、玉米、红薯等历史长，闲置劳动力多。善港村与高峰村对接后，结合高峰村的自然资源、气候特点，将高峰村定位为发展高端有机产业和循环农业。善港村将自身发展经验运用到高峰村，进行支部共建，强化基层组织建设，发挥党员带头先锋作用，流转村里土地，成立有机产业园公司，发展有机农业。善港村嫁接到高峰村的产品均具有较高价值，同时具有成熟的种养殖经验，因此产业发展成功率高，帮扶成效显著。

由此可见，东西部扶贫协作要始终坚持"精准"的要求。一方面，协作扶贫举措要真正瞄准短板和薄弱环节，因地制宜，发挥区域优势，根据各地的特殊情况制订特色产业发展计划。另一方面，要强化对接，提高协作的内生性，坚持以东部之长补西部之短，以东部先发优势促西部后发效应，从而激活西部贫困地区发展的内生动力。总而言之，在村与村结对时，既要考虑被帮扶村的自然资源禀赋，也要考虑帮扶村自身发展的特点是否符合被帮扶村的情况，因地制宜，不可盲目借鉴经验。

第二，结合贫困村资源禀赋，精准选择帮扶产业。脱贫攻坚之前，高峰村基础设施落后、物流系统不健全，产品缺乏深加工，产业发展落后。善港村帮扶工作队为了在高峰村发展特色产业，前期特邀请了南京农业大学、江苏省农科院等瓜果蔬菜专家到高峰村开展田间调研，并对该村的气候、土壤等自然资源进行评估研判，将高峰村农业定位为高端有机产业，并试种美国金瓜、日本网纹蜜瓜、高山红颜草莓、灵芝等具有较高价值但本地市场稀缺的产品。善港村将已掌握的成熟种植经验和产品嫁接到高峰村，例如灵芝产业在善港村有种植数十年的专业技术人员和有稳定的销售市场。善港村根据产品特性，开拓了本地市场和外部市场，本地市场由高峰村负责销售蔬菜、瓜果等无法长途运输的农产品，外部市场由善港村对接指导销售茶叶、灵芝粉等高端有机产品。

对于产业精准对接，要考虑输出和输入两个方面的精准衔接问题，即东部地区的输出产业要和西部贫困地区的条件相吻合，若无法实现产业精准对接，扶贫效果必将大打折扣。同时，要充分挖掘和利用好西部地区的特色资源，用东部地区的发展经验来协助西部将特色资源优势转化为市场竞争优势，从而培育产业的核心竞争力，这样才能真正发挥产业扶贫的带动作用。从长远发展的角度看，需要加强西部与东部市场的合作，依托东部大市场，西部地区的比较优势才得以充分发挥，如西部的特色农产品、绿色食品才能实现高价值。

（二）帮扶工作精细化，激发贫困人口生计能力

第一，工作注重细节，精益求精。驻村工作队实行半军事化管理，统一服装与作息时间。驻村队员每天都要写帮扶工作日志，记录每天帮扶工作，定期交流汇报。在培养产业工人的过程中，实行"师徒结对"，工作队的技术人员要指导两名以上的产业工人，进行手把手教学，学习效果显著。例如，在技术员张佩年指导下，产业工人黄田英已熟练掌握黄瓜栽培技术。另外，善港村在指导高峰村挑选产业时，进行精细划分，本地已经饱和的产品不做，本地没有的品种可以做，如果有与本地重合的产品，尽量提高产品质量，利用产品优势错峰销售。

第二，针对村内劳动力闲置问题，高峰村对劳动力进行分类管理，有针对性地提高人力资本。高峰村劳动力的文化程度普遍不高，有技能的劳动力更是少数，在劳动力市场上备受排斥，只能从事低级的体力劳动。产业园区给高峰村村民提供了多样化的务工岗位。在实践中，帮扶工作队按照能力特点，按三个层次对高峰村村民进行分类管理。第一层次，培养年轻致富带头人，全村预计培养8名至10名致富带头人。工作队在村内选出了一些年富力强、有思路的青壮年，将其作为致富带头人的人选进行培养，熟练掌握种养殖的技术，将来成为承接产业的中坚力量，巩固拓展脱贫攻坚成果。第二层次，培养产业工人，重点从留守妇

女和体弱劳动力中挑选人员进行农业技术学习，与致富带头人形成配套发展，由靠天吃饭向"铁饭碗"转变。第三层次，对无劳动能力的贫困人口利用集体收入进行分红覆盖。2019年茶叶、灵芝孢子粉等产品销售完成后，群众即可受益。

高峰村的发展得益于东西部扶贫协作的有利政策，同样也离不开驻村帮扶工作队的努力。在东西部扶贫协作政策下，对口帮扶工作如何才能更高效、高质量地开展？针对这一问题，善港村帮扶工作队扎根一线，将脱贫攻坚工作进行精细化管理，有利于工作责任明确化、具体化，提高工作效率，促进村庄治理。同时，通过技能培训、实地教学等方法提高贫困人口的种养殖技术，不断提高他们的人力资本，将资源转化为生计能力，实现贫困人口持续有效的发展。

五、长效帮扶的挑战及建议

"行百里者半九十"，高峰村现在所取得的成绩离脱贫致富仍有很大差距，为了确保善港村驻村工作队离开后能够顺利接管相关工作，巩固拓展目前的发展成效，如期实现脱贫致富，需要重点关注以下两个问题及挑战。

（一）问题及挑战

1. 对口帮扶队撤出后，对口帮扶工作的管理延续性问题。

善港村驻村对口帮扶队计划于2019年年底撤出，当帮扶队撤出高峰村后，高峰村的有机产业园、茶园都会由当地干部接手进行管理。在帮扶队撤出后，基层干部如何保证产业园持续发展，如何管理产业园区的工人，村集体农业公司如何运行，这是十分值得思考的问题。高峰村村民缺乏科学种植的生产观念，农业科技应用水平远远落后于发达地区，在善港村学习培训、实地实践后，致富带头人与产业工人的学习成果是否可以经受住考验？

2. 帮扶主体与帮扶客体的关系模式转换问题。

在东西部扶贫协作政策下，东部发达地区帮扶西部贫困地区，东部是帮扶主体，是处于主动引导的一方，西部地区是被帮扶客体，是被动接受的一方。在帮扶的最初阶段，由帮扶主体向帮扶客体输入资源、人才、资金、技术等要素，引导被帮扶客体发展生产。当帮扶工作队撤出后，被帮扶村需要承担发展的重要任务，此时需要转变角色，成为发展的主体，帮扶工作队成为客体，此时面临主客体关系转变，以及后续帮扶工作开展问题。被帮扶村、基层干部角色需要进行转变，并明确相应责任。

（二）对策及建议

1. 注重人才培育，培养贫困人口可行能力。

"人才是第一生产力"，科学技术的引进与推广离不开人才，高峰村缺乏懂技术、用科技的技术性人才，这跟落后的教育普及水平与滞后的思想观念密切相关。在东西部扶贫协作中，发展经济、增加贫困户的收入无疑是紧迫的重要任务。但是，提升贫困人群和贫困村的可行能力同样是实现贫困地区可持续发展和脱贫可持续的重要内容。注重对贫困人群的人力资本投资十分紧迫，因为人力资本投资对改善劳动者的知识能力素质有着十分重要的作用。在对口帮扶工作队撤出后，基层村干部成为领导核心，致富带头人和产业工人成为发展产业的主力军，村民是村庄发展的主要动力，要强化本地人才的培养。对人才的培育不能仅限于懂科技的技术型人才，还要为村"两委"基层组织吸纳人才，不断充实领导核心力量；发展致富带头人和产业工人，加强实践训练，不断学习提高技术；鼓励村民参与生产、务工，对表现突出的村民进行奖励，发挥良好的榜样作用。

2. 转变角色，提升贫困群众发展主体性。

当帮扶工作队撤出后，被帮扶村需要承担发展的重要任务，此时需要转变角色，成为贫困发展的主体，帮扶工作队成为客体。在帮扶村方面，对被帮扶村进行后续的技术指导，包括产品销售市场对接上的技术指导。在贫困群体和村民群体方面，建立扶贫过程中的农民主体意识，增加农户参与度。扶贫要扶智，同时还要扶志，智和志就是内力、内因。只有在贫困群众积极主动的脱贫愿望和辛勤劳动的基础上，发展、掌握基本技能，从而激发贫困群众脱贫致富的内在活力，才能提高贫困群众的自我发展能力。贫困户是发展的主体，只有调动起他们的积极性、主动性，才能推进产业的顺利发展。在被帮扶村、村干部层面，基层村干部起核心领导作用，统领全局发展，转变角色，由帮扶客体转变为发展主体，对于全村发展要有明确清晰的认知。在对产业园区、村集体公司的管理过程中，要不断学习运营管理技术，促进公司、产业园高效运转。

（本案例执笔人：邱晓桐）

案例点评

东西部扶贫协作是中国特色扶贫开发道路的鲜明标志。在东西部扶贫协作实践中，因地制宜引入东部发达地区成功经验、将西部落后地区资源禀赋优势转化为产业优势、发展优势是一条基本经验。实际操作中的难点主要在于，如何找准东部发达地区成功经验与西部落后地区资源禀赋的契合点。江苏省善港村与贵州省高峰村整村推进结对帮扶的实践给出了令人满意的答卷。在结对帮扶初期，善港村便组织专家开展田间调查，准确研判高峰村资源、气候、环境等方面特征，结合善港村已经具备的先进管理技术、丰富市场经验和高峰村土壤气候条件、市场开发潜力，帮助引进美国金瓜、日本网纹蜜瓜、高山红颜草莓、灵芝等具有较高价值的农产品，推动善港村培育发展高端有机产业。在精准引入成功经验和农业新品种的同时，善港村帮助高峰村根据村民结构特征分类开展人才培训培养，造就致富带头人和产业工人等不同类型人才，精准对接高峰村后续产业发展的多样化人才需求。通过将善港村成功经验与高峰村资源禀赋进行深度对接，高峰村有机产业园建设初见成效，产业发展成功率高，扶贫协作助发展成效显著，创造了先富带后富的成功经验，对新时代深入推进东西部协作和对口帮扶具有很大启发。

（点评人：陆汉文，华中师范大学教授；梁爱有，华中师范大学）

后　记

2019年6月底，国务院扶贫办（现"国家乡村振兴局"）全国扶贫宣传教育中心经招投标程序，遴选华中师范大学承担"西南区域县、村脱贫攻坚经验总结"项目，组织开展广西、重庆、四川、贵州、云南、西藏等6省（自治区、直辖市）中9县、33村脱贫攻坚经验总结。项目组组长为陆汉文教授、副组长为江立华教授、蔡志海副教授。

本书为"西南区域县、村脱贫攻坚经验总结"项目系列成果之一，系贵州省5个脱贫村（安顺市平坝区塘约村、安顺市西秀区大坝村、大方县箐口村、思南县青杠坝村、沿河县高峰村）经验总结成果的汇编。这5个脱贫村的经验总结工作由陆汉文具体负责，华中师范大学副教授肖泽磊、华大智库秘书长罗聪和华中师范大学社会学院硕士研究生徐伟清、李世行、陈诗慧、邱晓桐等人参加了实地调研。书中各部分初稿撰写人分别为：罗聪（前言、大坝村）；徐伟清（塘约村）、李世行（箐口村）、陈诗慧（青杠坝村）、邱晓桐（高峰村）。定稿成书过程中，陆汉文组织召开了2次内部改稿会和1次外部审稿会，全国扶贫宣传教育中心组织开展了专家评审，梁爱有、罗聪承担了第一轮统稿工作，陆汉文最终审稿定稿。

全国扶贫宣传教育中心非常重视"西南区域县、村脱贫攻坚经验总结"项目，积极推动和严格监管项目实施，为项目组完成包含本书在内的系列项目成果提供了精心指导和帮助。时任全国扶贫宣传教育中心主任、现任中国扶贫发展中心主任黄承伟研究员和全国扶贫宣传教育中心骆艾荣副主任、阎艳副处长付出了大量心血。中国文联出版社大力支持书稿出版，责任编辑祝琳华认真负责，帮助订正了书稿中存在的一些谬误。借本书出版之机，谨向这些机构和个人致以诚挚感谢！

因能力所限，书中可能仍然存在错讹之处，敬请专家读者批评指正。

"西南区域县、村脱贫攻坚经验总结"项目贵州省课题组